Forschungsberichte zur forensischen Psychologie

herausgegeben von Gustav Nass, Berlin

Heft 2

Berlin 1966

Walter de Gruyter & Co.

vorm. G. J. Göschen'sche Verlagshandlung / J. Guttentag. Verlagsbuchhandlung / Georg Reimer / Karl J. Trübner / Veit & Comp.

Prognose und Bewährung

Vorträge
gehalten anläßlich der Fortbildungstagung des Berufsverbandes
Deutscher Psychologen im Oktober 1965
in Marburg/Lahn

Berlin 1966

Walter de Gruyter & Co.

vorm. G. J. Göschen'sche Verlagshandlung / J. Guttentag. Verlagsbuchhandlung / Georg Reimer / Karl J. Trübner / Veit & Comp.

Archiv-Nr. 28 45 661
Satz und Druck: Saladruck, Berlin 36

Inhaltsverzeichnis

Zur Einführung

Das überaus positive Echo, das Heft 1 der Forschungsberichte zur forensischen Psychologie in Fachkreisen gefunden hat, ermutigt uns zur Fortsetzung der Berichte. Heft 2 enthält Vorträge, die auf der Fortbildungstagung des Berufsverbandes Deutscher Psychologen im Oktober 1965 in Marburg/Lahn gehalten wurden. Diesen wurde zur Ergänzung eine Betrachtung des Herausgebers über die Krise in der Kriminologie hinzugefügt.

Bei der Aufstellung des Tagungsprogramms, dessen Rahmenthema Prognose und Bewährung lautete, sahen wir uns veranlaßt, uns nochmals mit der Prognoseforschung in der Kriminologie zu befassen, obgleich dieses Thema in der Sektion forensische Psychologie bereits in ausführlichen Referaten von Abels, Horn, Mey, Nass und Suttinger eingehend und ausgiebig behandelt und in der Sektion diskutiert wurde. Inzwischen sind aber die Prognosestatistiker weiterhin bemüht geblieben, ihre von Psychologen angezweifelten Ergebnisse, insbesondere die für Individualprognosen als wenig brauchbar erkannten Tabellen zu überprüfen und wiederum zu empfehlen. Wir haben bereits 1957 auf der Tagung der Kriminalbiologischen Gesellschaft auf die Fehlerquellen von Prognosetabellen hingewiesen. Dabei wurde die Notwendigkeit der Erarbeitung von Strukturen betont, die dann auch Suttinger in mehreren Veröffentlichungen gefordert hat (Literatur bei Stark). Neuerdings scheint man auch von psychiatrischer Seite aus Merkmalssammlungen zur Grundlage von Prognosestatistiken zu machen. (Siehe K. Hartmann und K. Eberhard: Eine jugendpsychiatrische Befundkarte für erziehungsschwierige Minderjährige, Methodik der Information in der Medizin, 2. Jahrgang Heft 4 [Oktober 1963].)

Merkmale sind aber so komplexe Faktoren, daß sie an sich für den prognostischen Individualfall wenig Aussagewert besitzen. Ein Merkmal muß erst interpretiert und in Zusammenhang mit anderen Faktoren gedeutet werden. Hinzu kommt, daß ein Merkmal erst definiert werden muß. Merkmal ist ein Hinweis, ein Mal, das gemerkt werden soll, weil es etwas bedeuten kann. Ob es tatsächlich einen Bedeutungsgehalt besitzt, erfahren wir erst, wenn wir es definiert haben. Definieren heißt die allgemeinen Eigenschaften so lange abheben, bis das von allen anderen Merkmalen Unterscheidbare und ihm als dessen Qualität Zukommende übriggeblieben ist. So kann ein Merkmal zunächst der Kategorie Eigenschaft zugeordnet werden, innerhalb der Eigenschaften denen des Verhaltens und innerhalb der Verhaltenseigenschaften einer ganz bestimmten Verhaltenseigenschaft. Merkmal ist ein Allgemeinbegriff, der sich für psychische Aussagen überhaupt nicht eignet, weil er zu unbestimmt ist. Der Merkmalsbegriff ist von dem des Symptoms zu unterscheiden, was häufig nicht geschieht. Symptom ist ein Zeichen für etwas, das einen Vorgang oder einen Zustand anzeigt. Das Merkmal hat Aufforderungscharakter. Es ist darin der Imperativ des Merkens enthalten. Merkmal ist das zu merkende Mal. Warum es zu merken ist und was es bedeutet, das erfahren wir erst nach seiner Definition. Die Prognosestatistiker sammeln Merkmale, ohne sie zu definieren. Sie sagen gar nicht, was ihre Merkmale bedeuten, z. B. welchen Stellenwert eine Eigenschaft, ein Verhalten in der Struktur und in dem Funktionsablauf des Individuums in dieser oder einer anderen Situation hat, welches Gewicht, mit welcher Dynamik es auf bestimmte Umweltreize und Regulatoren reagiert, welche Gegenspannungen es auslöst, durch welche Kompensationsmöglichkeiten es gebunden, eliminiert oder im Gleichgewicht gehalten wird.

Diese wenigen Hinweise mögen genügen, um die immer wieder übersehene Problematik der Prognoseforschung ins rechte Licht zu rücken. Alle bisherigen Prognosetabellen lassen, wie Mey richtig betont hat, die Tatsache der Entwicklungsmöglichkeiten und der positiven erzieherischen Beeinflußbarkeit unberücksichtigt.

Es sei noch vermerkt, daß alle vier Untersuchungen von Strafvollzugspraktikern erarbeitet wurden, wobei die von Hoeck-Gradenwitz einen Einblick in die sehr fortschrittliche und moderne Behandlungsmethode krimineller Psychopathen gewährt.

Der Herausgeber möchte an dieser Stelle dem Hessischen Justizminister, Herrn Dr. Lauritz Lauritzen, für die Förderung unserer Forschungsarbeit auf dem Gebiete der forensischen Psychologie seinen besonderen Dank aussprechen. Den Mitarbeitern sei für ihre Untersuchungen, die sie aus ihrer praktischen Arbeit gewonnen haben, ebenfalls herzlich gedankt.

Gustav Nass

Statistische Prognose und verantwortliche Entscheidung in der Kriminologie

von Dipl. Psych. Dr. phil. *H.-D. Stark,* Strafanstalt Kassel

Es liegt im Wesen der heutigen Zeit, daß der moderne Mensch in jeder Lebenslage auf Sicherheit bedacht ist. Diese Sicherheit beschränkt sich nicht nur auf den jeweiligen Lebensabschnitt, sondern bezieht auch die Zukunft mit ein. Es darf nach Möglichkeit nichts geschehen, das nicht vorgesehen, das nicht eingeplant ist. Es darf sich nichts ereignen, durch das die menschliche Ordnung erschüttert oder gestört werden könnte. Um eventuelle Pannen zu verhüten, wird die Zukunft in die Gegenwart hereingeholt. Dieses Hereinholen der Zukunft, die Vorherbestimmung zukünftiger Ereignisse geschieht durch raffinierte mathematische und korrelationsstatistische Berechnungen.

Ein großer Störungsherd für die menschliche Ordnung und eine Gefahrenquelle für die Gesellschaft liegt in der Kriminalität. Diesen Unruhefaktor möglichst niedrig zu halten und verhütbare Straftaten in der Rückfallskriminalität zu vermeiden, ist die bedeutsame Aufgabe der kriminologischen Prognoseforschung. Eine Prognose wird für gewöhnlich nicht bei jedem Urteil gestellt, sondern sie wird hauptsächlich als Hilfsmittel herangezogen, um potentielle Rückfallsverbrecher frühzeitig zu erkennen. Prognosen werden gestellt, wenn die Frage der Verwahrung akut wird oder wenn ein Strafgefangener nach §§ 88 oder 89 JGG oder 26 StGB vorzeitig entlassen werden soll.

In den folgenden Ausführungen geht es weder um einen geschichtlichen Abriß der statistischen Prognosen noch um die Entwicklung der einzelnen Methoden. Diese werden nur — soweit notwendig — am Rande erwähnt. Auch werden nicht die verschiedenen Prozentergebnisse der einzelnen Methoden gegenübergestellt und verglichen, noch ihre Treffsicherheit geprüft. Es wird hier lediglich auf das inhaltliche Material eingegangen, das den statistischen Methoden zugrunde liegt. Dabei wird gefragt, ob diese inhaltlichen Faktoren und Merkmale der statistischen Prognosen ausreichen, verantwortungsbewußt über einen straffällig gewordenen Menschen Voraussagen zu machen, die erheblich in das Leben des Einzelnen wie auch in das der Gesellschaft eingreifen können. Nur bei der Methode *Frey* scheint es angebracht zu sein, den hypothetischen Ansatzpunkt zu zeigen, weil sich *Frey* dadurch wesentlich von den übrigen Begründern statistischer Prognosen unterscheidet.

Statistische Prognosemethoden

Angeregt durch *Exner* stellte *Schiedt* (1936) in Anlehnung an die Methode von *Burgess* (1928)[1] für Deutschland erstmalig eine Prognosetafel für erwachsene Rechtsbrecher auf. Ehepaar *Glueck*[2] hatte 1930 seine ersten Prognosetafeln herausgegeben, die auf umfangreiche Untersuchungen und komplizierte korrelationsstatistische Berechnungen zurückgehen. Diese Methode wird jedoch wegen eines besonderen Ergebnisses erst am Schluß der statistischen Methoden gebracht.

a) Die Methoden von *Schiedt* und *Gerecke*

Schiedt[3] überprüfte 500 ehemalige Strafgefangene und fand durch Vergleich der Rückfäller mit den Nichtrückfällern 15 prognostisch wertvolle Merkmale, die einen Rückfall bedingen können. Sein Schlechtpunktsystem bestand aus folgenden 15 gleichwertigen Faktoren:

1. Erbliche Belastung (Geisteskrankheiten, Selbstmord, Trunksucht bei Eltern und Großeltern),
2. Erhebliche Vorstrafen in der Aszendenz,
3. Schlechte Erziehungsverhältnisse (Ehezwist, Trunksucht des Vaters usw.),
4. Schlechter Schulerfolg (häufiges Schulschwänzen, Auflehnung gegen den Lehrer usw.),
5. Nichtbeendigung einer angefangenen Lehre,
6. Unregelmäßige Arbeit (Arbeitsscheu, mehrmaliger Berufswechsel),
7. Beginn der Kriminalität vor dem 18. Lebensjahr,
8. Mehr als vier Vorstrafen,
9. Besonders rasche Rückfälligkeit (Zeitraum zwischen Strafende und neuem Urteil bis zu sechs Monaten, bei sehr schweren Delikten etwas größere Zeitspanne),
10. Interlokale Kriminalität (Urteile in verschiedenen Landgerichtsbezirken),
11. Psychopathie,
12. Trunksucht,
13. Schlechtes allgemeines Verhalten in der Strafanstalt (Disziplinarstrafen usw.),

---

[1] *Burgess, E. W.:* Factors determining Success or Failure on Parole. Journal of Criminal Law and Criminology, Vol. XIX, 1928, S. 205.

[2] *Glueck, S.*, und *E. T.:* 500 Criminal Careers. New York 1930.

[3] *Schiedt, R.:* Ein Beitrag zum Problem der Rückfallprognose. Diss. München 1936.

14. Entlassung aus der Anstalt bis zum Ende des 35. Lebensjahres und
15. Schlechte soziale Lage und Familienverhältnisse nach der Entlassung (zerrüttete Familienverhältnisse, Kriminalität in der Familie, schlechtes Milieu, schlechte Wohnung).

Nach dieser Tabelle wurde ausgezählt. Der Proband erhielt für jedes zutreffende Merkmal einen Schlechtpunkt. Je größer die Anzahl der Schlechtpunkte, um so größer war die Wahrscheinlichkeit einer Rückfälligkeit. Obwohl *Schiedt* nur addierte, ohne dabei die einzelnen Faktoren hinsichtlich ihrer Bedeutsamkeit für die Rückfälligkeit zu unterscheiden, hatte *Schiedt* mit seiner Punktmethode einen gangbaren Weg eingeschlagen. Dies zeigte ein Vergleich mit den intuitiven Methoden der Ärzte, die mehr als doppelt soviel Fehler aufwiesen als die schneller durchzuführende Beurteilung nach *Schiedt*.

Da *Schiedt* seine Merkmale jedoch nicht exakt definierte, hing die Zuteilung eines Schlechtpunktes von einer Ermessensentscheidung des Gutachters ab. Außerdem hatte *Schiedt* ähnlich wie *Burgess* seine Faktoren noch nicht gewogen, so daß alle einheitlich bewertet wurden.

Gerecke (1939)[4] versuchte daher jedem Faktor einen Zahlenwert von 2—10 Punkten zu geben und diesen je nach Ausprägungsgrad des betreffenden Merkmals mit 1—4 zu multiplizieren. Dieses Vorgehen hätte eine Verbesserung der Methode *Schiedt* sein können. Da jedoch die eingesetzten Punktwerte willkürlich gewonnen wurden, flossen auch hier wieder subjektive und intuitive Momente ein, die gerade durch die statistische Methode ausgeschaltet werden sollten.

b) Methode *Frey*

Im Ansatz ähnlich wie *Gerecke* entwickelte *Frey* (1951)[5] eine eigene Methode. Theoretischer Ausgangspunkt seiner Untersuchungen ist das „biosoziologische Gesetz", die „biosoziologische Kettenreaktion". „Das biosoziologische Gesetz der kriminogenen Kumulation ... beherrscht auch die gesamten Milieuverhältnisse, denen der aus der Versorgung Entlassene während der Bewährungsperiode und später ausgesetzt ist."[6] Nach *Frey* ist es nicht von Zufälligkeiten abhängig, welche Milieueinflüsse später auf einen Menschen einwirken werden.

> „Es besteht für jeden Menschen eine biologisch bedingte Prädisposition für die Bevorzugung einer spezifischen, persönlichkeitskonformen sozialen Umwelt. Der Mensch trägt nicht nur seine Anlage, sondern gewissermaßen auch sein persönlichkeitskonformes Milieu von Geburt an als Entwicklungspotenzen in sich. Anlage und Umwelt sind

---

[4] *Gerecke:* Zur Frage der Rückfallsprognose. Monatsschrift für Kriminalbiologie und Strafrechtsreform, 30. Jg., 1939, S. 35.

[5] *Frey, E.:* Der frühkriminelle Rückfallsverbrecher. Basel 1951.

[6] *Frey, E.:* a. a. O., S. 245.

nicht zwei gegensätzliche Pole in der kriminogenen Kausalität, sondern eine dynamische Einheit[7]."

Frey vertritt in seiner Prognosemethode einen anlage-theoretischen Standpunkt. Nicht nur die Qualität des Milieukreises im Elternhaus wird entscheidend von biologischen Faktoren gesteuert, sondern diese Faktoren steuern auch die mit der Persönlichkeitsentwicklung zunehmende Erweiterung des Milieus.[8]

„In jedem Milieueinfluß wirkt darum indirekt immer — gewissermaßen hinter den Kulissen — auch die Anlage (vor allem in Gestalt der Milieu-Empfindlichkeit) mit ... Täterpersönlichkeit und Tat (als Ausdruck sozialen Verhaltens) werden durch Anlage und Umwelt geprägt, wobei aber ... die Anlage gewissermaßen doppelt in Erscheinung tritt[9]."

Von diesem Gedanken der „biosoziologischen Kettenreaktion" geht *Frey* bei der Entwicklung seiner Prognosemethode aus. Bei dieser handelt es sich um eine Verbindung des Punktsystems mit einer Persönlichkeitsbewertung, wobei die Erforschung der Persönlichkeit bei *Frey* den ersten Platz einnimmt.

Frey stellt ähnlich wie *Schiedt* einen Katalog von Faktoren und Symptomen zusammen, die als verbrechenfördernd angesehen werden können und in denen sich kriminelle Anlage oder Neigung äußern. *Frey* kommt zu einem Prognosesystem, das er in Vor-, Nach- und Endprognose aufteilt. Er bezeichnet seine Prognose als Längs- und Querschnittsanalyse der Persönlichkeit eines Frühkriminellen nach Anlage, Umwelt und sozialem Verhalten. Er versucht, eine Ganzheitsbewertung der Persönlichkeit mit einer Punktbewertung bestimmter kriminogen hochwertiger Faktoren anzustreben. Die Vorprognose enthält acht Faktoren bzw. Faktorengruppen und beinhaltet in großen Zügen die Vergangenheit des Delinquenten. Sie gleichen zum Teil den Faktoren von *Schiedt* und sind:

1. Erbliche Belastung (Vorkommen von Psychosen, Psychopathie, Trunksucht, Debilität, Kriminalität usw. in der Verwandtschaft),
2. Persönlichkeitstypus (Intelligenzniveau, Psychosen, psychogene Störungen, Psychopathien, sonstwie abnormer Charakter, organische Gehirndefekte, somatische Auffälligkeiten),
3. Milieu im Elternhaus (Stellung im Elternhaus — Außerehelichkeit, Verwaisung, Scheidungskindsituation, Stellung in der Geschwisterreihe), soziale und ökonomische Verhältnisse (Wohnverhältnisse, Einkommensverhältnisse, Ruf der Eltern), erzieherische Verhältnisse (erzieherische Fähigkeiten der Eltern, Verhältnis der Eltern zueinander, Verhältnis des Jugendlichen zu den beiden Elternteilen und zu den Geschwistern),

---

[7] *Frey, E.:* a. a. O., S. 247.
[8] *Frey, E.:* a. a. O., S. 200.
[9] *Frey, E.:* a. a. O., S. 298.

4. Freizeitmilieu (allgemeine Art der Verbringung der Freizeit, positive und negative Freizeitinteressen, Rolle von Kino, Bar und Dancing, Lektüre, Umgang mit Kollegen),
5. Erziehungsschwierigkeiten (Vorkommen in den drei Entwicklungsstufen Vorschulalter, Schulalter und Nachschulalter, spezifische Formen der Erziehungsschwierigkeiten in den verschiedenen Entwicklungsstufen — wie Davonlaufen, Schuleschwänzen, „Blaumachen" —, Verhältnis zu Lehrern und Mitschülern, Arbeitgebern und Mitarbeitern, Zuverlässigkeit in der Arbeit),
6. Einstellung zur Tat (Verhalten in der Strafuntersuchung, Einsicht und Reue, allgemeine Selbstbeurteilung),
7. Frühkriminalität (Alter beim ersten nachgewiesenen Delikt, Zahl der Rückfälle bis zur Heimerziehung, Rückfallintervalle),
8. Art der Delikte (bisher begangene Delikte, Umfang und Schwere derselben, Art und Ausführung, Komplizenschaft, Hauptdeliktsrichtung).

Die Nachprognose befaßt sich mit dem Verhalten in besonderen Gewaltverhältnissen, w. z. B. in Heimen und Strafanstalten, aber auch mit dem Verhalten während der Bewährungszeit. Sie umfaßt zwei weitere Faktorengruppen:

9. Verhalten während der Versorgungszeit und
10. Verhalten während der Bewährungsperiode.

Die Vorprognose kann frühestens ab dem 16. Lj. gestellt werden, die endgültige Prognose erst ab dem 24. Lj. Vor- und Nachprognose sind wesentlich diagnostischen Inhaltes, während die Endprognose als deren Zusammenfassung eine reine prognostische Bedeutung hat. Diese soll nach *Frey* die voraussichtliche soziale Weiterentwicklung aufzeigen.

Neu an *Frey* gegenüber *Schiedt* ist die Bewertung der einzelnen Faktoren — wie es bereits *Gerecke* anstrebte — entsprechend der kriminogenen Bedeutung mit Punkten, die als Basispunktwerte bezeichnet werden. So wird z. B. der Persönlichkeitstypus mit 50, das Freizeitmilieu nur mit 5 Basispunkten bewertet. Die Summe aller acht Basispunktwerte der Vorprognose ergibt den Totalbasispunktwert von 200. Da innerhalb der einzelnen Faktoren unterschiedliche Intensitäten möglich sind, wird jeder Basispunktwert mit einem Koeffizienten von 0—5 multipliziert. Zeigt so z. B. der Delinquent nur eine leichte Ausprägung eines Faktors, dann erhält er den Koeffizienten 0—1. Anschließend werden die Resultate aller acht Faktoren addiert. Nach *Frey* ist bei einem Punktwert von 0—350 eine vollständige Resozialisierung möglich, während bei 800—1000 Punktwerten eine Resozialisierung aussichtslos sein wird.

c) Methode *Meyer*

Die Schwierigkeit bei dem Verfahren von *Frey* liegt in der Auswahl der Koeffizienten, die im Wege einer Wertung geschieht und damit in das Ermessen des jeweiligen Gutachters gestellt wird. Das Anliegen und Ziel der statistischen Prognostiker ist jedoch, ein Verfahren zu entwickeln, das unabhängig von subjektiven Einflüssen gehandhabt werden kann, in welchem alle Ermessensentscheidungen ausgeschlossen sind. In die Tafeln dürfen nach *Meyer* „lediglich Tatsachen aufgenommen werden, die objektiv feststellbar sind und sich leicht ermitteln lassen."[10]

Meyer erarbeitete ein eigenes Prognoseverfahren auf Grund von 172 zu einer Jugendstrafe von unbestimmter Dauer verurteilten Jugendlichen, die aus dem Jugendgefängnis Siegburg auf Bewährung entlassen wurden. Dabei wurden Gruppen mit insgesamt 26 Rückfallsfaktoren ermittelt. Die Merkmale 1—23 gelten für die Urteilsprognose. Zur Entlassungsprognose gehören außerdem die Merkmale 24—26 aus der Gruppe VI „Verhalten in der Anstalt".

1965 hatte *Meyer* seinen Faktorenkatalog überarbeitet und neu gefaßt, um Zweifelsfragen auszuräumen. Dabei wurde das ursprüngliche Merkmal Nr. 18 in zwei gesonderte Merkmale (Nr. 18 und 19) aufgeteilt, so daß der neue Katalog statt 26 jetzt 27 Faktoren enthält.[11]

I. Abstammung
- 1. Kriminalität bei mindestens einem Elternteil,
- 2. chronische Trunksucht bei mindestens einem Elternteil.

II. Erziehungsverhältnisse
- 3. a) Scheidungskind im Haushalt der Mutter, sofern diese nicht wieder geheiratet hat,
  - b) Scheidungskind im Haushalt des Vaters, sofern dieser wieder geheiratet hat,
  - c) Eltern lebten wegen Ehestreitigkeiten getrennt (sofern nicht 3 a, b oder d vorliegt),
  - d) Mutterwaise im Haushalt des Vaters, sofern dieser wieder geheiratet hat,
- 4. a) einziges Kind,
  - b) jüngstes Kind,

III. Schule und Lehrausbildung
- 5. a) während der Schulzeit (sofern nicht Hilfsschüler) mindestens zweimal sitzengeblieben,
  - b) Schulschwänzer (sofern nicht Hilfsschüler),
- 6. a) Beginn der Lehre nicht innerhalb von einem halben Jahr nach der Schulentlassung, sofern Lehre nach Art der vorausgegangenen Schulausbildung in Betracht kam und es sich nicht um einen Hilfsschüler handelt,

---

[10] *Meyer, F.:* Der kriminologische Wert von Prognosetafeln. Mschr. f. Krim. 42. Jg., 1959, S. 232.

[11] *Meyer, F.:* Der gegenwärtige Stand der Prognoseforschung in Deutschland. Mschr. f. Krim. 48. Jg., 1965, S. 236 ff.

b) überhaupt kein Lehrversuch, obwohl Lehre nach Art der vorausgegangenen Schulausbildung in Betracht kam und es sich nicht um einen Hilfsschüler handelt,
7. im Durchschnitt mindestens alle vier Monate Arbeitswechsel,

IV. Fürsorgeerziehliche Maßnahmen
8. frühe Erziehungsbeistandschaft oder Schutzaufsicht,
9. Aufenthalt im Erziehungsheim (insgesamt länger als 6 Monate),
10. Ausreißer aus Erziehungsheim,

V. Kriminalität
11. Beginn der Kriminalität vor Vollendung des 15. Lj.,
12. mindestens fünf Straftaten durchschnittlich jährlich seit Strafmündigkeit,
13. mindestens vier Vorverurteilungen,
14. mindestens zwei (wenigstens teilweise) verbüßte Freiheitsstrafen,
15. mindestens zweimal Jugendarrest (wenigstens teilweise) verbüßt,
16. bei keiner der vollstreckten Jugendstrafen tatsächliche Verbüßungszeit länger als drei Monate,
17. Rückfall innerhalb der drei ersten Monate nach (eventuell teilweiser) Verbüßung der letzten Vorstrafe,
18. alle oder mindestens 60 % der seit Strafmündigkeit verübten Straftaten sind ohne Tatgenossen begangen,
19. jeder der Tatgenossen, die an den seit Strafmündigkeit des Probanden begangenen Delikten beteiligt waren, hat durchschnittlich mindestens bei fünf dieser Straftaten mitgewirkt,
20. Betrug vor Vollendung des 21. Lebensjahres,
21. gewerbsmäßige Unzucht vor Vollendung des 21. Lj.,
22. Widerstandsleistung gegen die Staatsgewalt vor Vollendung des 21. Lj.,
23. Betteln oder Landstreicherei vor Vollendung des 21. Lj.,
24. interlokale Kriminalität (in mindestens zwei verschiedenen Amtsgerichtsbezirken),

VI. Verhalten in der Anstalt
25. mindestens fünf Hausstrafen während Verbüßung der zur Zeit vollstreckten Strafe,
26. Ausreißer aus der Jugendstrafanstalt während Verbüßung der zur Zeit vollstreckten Strafe,
27. straffällig gewordener Ausreißer (Nr. 26).

In der letzten Überarbeitung von *Meyer* fehlen die Faktoren Nr. 3c, 4a, 4b, 6a, 6b, 8, 13, 16 und 27[12].

Für jedes zutreffende Merkmal gibt *Meyer* einen Schlechtpunkt, ohne dabei zu berücksichtigen und abzuwägen, daß der Grad der kriminogenen Bedeutung bei den einzelnen Faktoren unterschiedlich ist. Bei sieben und mehr Schlechtpunkten nach der Tafel mit 21 Faktoren ist mit 100%iger Rückfallswahrscheinlichkeit zu rechnen.

[12] *Meyer, F.:* a. a. O., S. 243.

Trotz dieser Prognosetafel soll sich der Prognostiker nach *Meyer* „bei der Beurteilung der voraussichtlichen zukünftigen Entwicklung eines Menschen nicht auf die Anwendung der auf statistischem Wege zustandegekommenen Prognosetafel beschränken"[13], um nach *Peters* die Persönlichkeit nicht zu „entkernen". Nach dem letzten Aufsatz von *Meyer* soll das durch Schlechtpunkte gewonnene Persönlichkeitsbild durch den persönlichen Eindruck ergänzt werden. *Meyer* bezeichnet sich selbst nicht als Anhänger rein statistischer Verfahren, sondern er mißt diesem persönlichen Eindruck die gleiche Bedeutung bei, wie den ermittelten Schlechtpunkten. Dennoch, so meint *Meyer*, sind bei ihm bei der Mitberücksichtigung des persönlichen Eindrucks nicht jene Gefahren zu befürchten, die sonst mit der intuitiven Methode verbunden sind, da durch das empirische Verfahren die persönliche Bewertung wieder überprüft werden kann. Damit wird also die obige Empfehlung wieder eingeschränkt, indem dem persönlichen Eindruck doch nicht die gleiche Bedeutung wie der Summe der gezählten Schlechtpunkte beigemessen wird. *Meyer* geht noch weiter und verlangt, daß „das vom Sachverständigen erstattete Gutachten besonders kritisch"[14] geprüft werden muß, wenn dieses nicht mit der statistischen Prognose übereinstimmt. „In einem solchen Falle wird seinem persönlichen Eindruck (dem Eindruck des Richters, Ref.) von dem Angeklagten oder Anstaltsinsassen verständlicherweise besondere Bedeutung zukommen."[15]. Es mutet eigenartig an, wenn *Meyer* einmal dem persönlichen Eindruck die gleiche Bedeutung wie den Schlechtpunkten zumißt, um nicht als reiner Statistiker zu gelten, dann jedoch den persönlichen Eindruck wieder durch das empirische Verfahren überprüfen läßt. Und schließlich ist für *Meyer* ein Sachverständigengutachten, wenn es nicht mit der statistischen Prognose korreliert, von geringerer Bedeutung als der persönliche Eindruck des Richters während der Verhandlung, dem er weniger zu mißtrauen scheint als den Ergebnissen des Psychologen.

> „Das Kernstück ihrer Persönlichkeitserforschung bildet das Gespräch mit dem Probanden. Ein Mensch wird sich aber nur selten einem anderen Menschen richtig offenbaren, vor allem dann, wenn er im Falle zutreffender Bekundungen die Möglichkeit einer Verschlechterung seiner Prozeßlage oder Verzögerung seiner Entlassung aus dem Strafvollzug einzukalkulieren hat. Die Praxis beweist dann auch immer wieder, welche Märchen dem Psychologen bei seiner Exploration erzählt werden und wie oft durch sie die Beurteilung verfälscht wird[16]."

---

[13] *Meyer, F.:* a. a. O., S. 244.
[14] *Meyer, F.:* a. a. O., S. 245.
[15] *Meyer, F.:* a. a. O., S. 245.
[16] *Meyer, F.:* a. a. O., S. 233.

d) Methode *Brückner*

Brückner will mit seiner Prognosetabelle keine neuen prognostisch bedeutsamen Rückfallsfaktoren finden, sondern er will nur feststellen,

> „ob es für die tatsächliche Entwicklung der Laufbahn von erwachsenen Vermögensverbrechern relativ wenige symptomatische, leicht feststellbare, ohne Wertung zu gewinnende äußere Anzeichen gibt, auf Grund deren ein objektiv feststellbarer Anhaltspunkt für die Rückfallswahrscheinlichkeit eines Straffälligen zu erhalten ist[17]."

An 94 Sicherungsverwahrten fand *Brückner* fünf Faktoren, die nochmals unterteilt wurden. Dem jeweiligen Merkmal wurde dann ein nach Gewicht und Ausprägungsgrad unterschiedlicher, aber fest bestimmter Punktwert beigemessen. Dadurch wurde bei jedem Faktor die kriminogene Intensität berücksichtigt, ohne daß eine subjektive Wertung stattfand. *Brückner* kommt zu folgender Prognosetafel:[18]

	Punkte
I. A. bei Frühkriminellen:	
Frühkriminalität im Alter von	
a) 14—17 Jahren	2
b) 18—20 Jahren	1
B. bei Spätkriminellen	
a) 5—10 Vorstrafen	1
b) 11 Vorstrafen und mehr	2
II. Zahl der verbüßten Freiheitsstrafen	
a) 1—3	1
b) 4—6	2
c) 7 und mehr	3
III. Dauer der Verwahrung	
a) mindestens ein Jahr ohne Unterbrechung	1
b) mindestens zwei Jahre ohne Unterbrechung oder mindestens zweimal jeweils ein Jahr ohne Unterbrechung	2
IV. Die drei letzten Rückfallsintervalle	
je Intervall	
a) bis 6 Monate	3
b) bis 12 Monate	2
c) bis 24 Monate	1
V. Verhältnis zur Arbeit	
a) keine Arbeitswilligkeit oder Tätigkeit nur, um Straftaten zu begehen	2
b) Nichtbeendigung einer angefangenen Lehre, erlernter Beruf nicht ausgeübt oder kein Beruf	2
c) unregelmäßige Tätigkeit	1

---

[17] *Brückner, G.:* Untersuchungen über die Rückfallsprognose bei chronischen Vermögensverbrechern. Mschr. Krim. 41. Jg., 1958, S. 93.

[18] *Brückner, G.:* a. a. O. S. 95.

Bei 15—20 Punkten ist eine straffreie Führung unwahrscheinlich. *Brückner* möchte seine Prognosetafel nur als ein Orientierungsmittel verstanden wissen. Es ist dann die Aufgabe des Beurteilers, festzustellen, ob hinsichtlich der Täterpersönlichkeit und der voraussichtlichen Umweltlage eine abweichende Prognose nach der schlechten oder guten Seite berechtigt ist. Daher möchte *Brückner* zunächst eine Prognose nach dem Punkteverfahren, die endgültige Prognose jedoch erst auf Grund „der verstehenden Erforschung der Täterpersönlichkeit" im Sinne von *Leferenz* stellen.

e) Methode *Horn*

Die jüngste Prognosemethode stammt von *Horn*. Diese geht in ihren Ansätzen auf *Schiedt* zurück. Obwohl *Schiedt* mit seiner Punktmethode den intuitiven Prognosen überlegen ist, weist *Horn* darauf hin, daß die Methode *Schiedt* dennoch erhebliche Mängel hat. (Bei der Untersuchung von 1100 Kriminellen hatte *Schiedt* nur 16% Fehlurteile gegenüber 33,2% Fehlurteilen bei den intuitiven Prognosen.) *Schiedt* versäumte, wie bereits von anderen Prognostikern festgestellt, seine 15 Prognosepunkte exakt zu definieren, so daß oft Zweifel auftauchten, wann ein Schlechtpunkt gegeben werden darf.

Horn berücksichtigt in seiner Methode daher u. a. die Strafzahl während der gesamten Strafmündigkeit und verteilt je nach Höhe und Schwere der Strafe Strafpunkte bzw. Minuspunkte. Aus der Summe der Strafpunkte aller Faktoren dividiert durch das strafmündige Lebensalter erhält *Horn* ähnlich wie *Frey* eine Kriminalitätsziffer.[19]. Außerdem versuchte *Horn* durch Kriminalitätsfragebogen Faktoren zu erfassen, durch die sich Nichtkriminelle von Kriminellen wie auch Gelegenheitsverbrecher von Rückfallsverbrechern unterscheiden. *Horn* fand aus einem großen Vorrat bewährter Fragen 15 Faktoren, die zur Berechnung der Stärke der kriminellen Tendenzen herangezogen werden. Bei diesen Fragen soll nach *Horn* das Problem der Aufrichtigkeit keine ins Gewicht fallende Rolle spielen, da der Einfluß von Unaufrichtigkeit bei der Anwendung dieser Unterscheidungskriterien zwischen den Gelegenheitsverbrechern und den Rückfallsverbrechern relativ gering ist.[20]

[19] *Frey* errechnete die kriminelle Intensität durch einen Quotienten: Die Gesamtlänge der Freiheitsstrafe in Tagen seit Strafmündigkeit (A) wird durch das Alter (B) in Jahren weniger 18mal der Zahl der Freiheitsstrafen nach Strafmündigkeit (C) dividiert: $Q = \frac{A}{(B - 18) \cdot C}$ a. a. O., S. 263

[20] *Horn, W.:* Bedingungsfaktoren und Begleiterscheinungen wiederholter Straffälligkeit. Diss. Marburg 1961, S. 39.

Die Fragen nach *Horn* lauten:[21]

1. Haben Sie Angehörige (Großeltern, Eltern, Geschwister), die mit Gefängnis oder Zuchthaus bestraft wurden (nicht politisch)?
2. Sind Sie schon öfter als einmal Ihren Eltern (Pflegeeltern) davongelaufen?
3. Haben Sie in der Schule oft gefehlt?
4. Sind Sie länger als ein Viertel der Zeit, in der Sie arbeitsfähig waren, arbeitslos gewesen?
5. Ist Ihre Frau, Braut oder Geliebte schon gerichtlich bestraft worden?
6. Waren Sie in Fürsorgeerziehung?
7. Waren Sie länger als ein Jahr in Fürsorgeerziehung?
8. Sind Sie schon aus Fürsorgeerziehung geflüchtet?
9. Sind Sie schon mehr als einmal aus der Fürsorgeerziehung geflüchtet?
10. Sind Sie schon vor Ihrem 18. Lebensjahr gerichtlich bestraft worden?
11. Sind Sie schon von Gerichten verschiedener Bundesländer oder Staaten verurteilt worden?
12. Haben Sie schon in weniger als sechs Monaten nach einer Haftentlassung neue strafbare Handlungen begangen?
13. Haben Sie schon in einer Anstalt Arrest bekommen?
14. Haben Sie schon in einer Anstalt mehr als zweimal Arrest bekommen?
15. Glauben Sie, daß Sie auch wieder straffällig geworden wären, wenn Sie zuvor wesentlich härter bestraft worden wären?

Da diese Fragen nicht alle gleich trennscharf sind, wurde der Q-Wert jeder Frage (Q = Qualität oder Trennschärfe eines Merkmals) durch 10 dividiert, um dadurch den unterscheidungskräftigeren Fragen ein größeres Gewicht zuzumessen.[22] Aus der Arbeit geht jedoch nicht hervor, ob die Gewichtszahlen, die bei den Fragen selbst nicht angegeben wurden, bei der Aufstellung einer statistischen Prognose berücksichtigt oder nur die Schlechtpunkte addiert werden. So heißt es einmal, daß ab vier „Ja"-Antworten ein negatives Urteil abgegeben wird. *Horn* hatte bei dieser Einstufung 27,9 % Fehlurteile. Wurde jedoch den unterscheidungskräftigeren Fragen ein größeres Gewicht zugemessen, indem der Q-Wert durch 10 dividiert wurde, dann gab *Horn ab 10* Minuspunkten ein negatives Urteil ab. Die Zahl der Fehlurteile sank dabei auf 26 %. *Horn* gibt für die 15 ausgewählten Fragen weder die abgerundeten Gewichtszahlen von 2—5 Punkten an noch eine Prozent- oder Punktetabelle für die Rückfallswahrscheinlichkeit, so daß die Ergebnisse aus dieser Prognosetafel nicht wie diejenigen von *Frey* oder *Meyer* interpretiert werden können. Nach *Horn* genügen diese 15 Fragen, da die Verwendung eines verlängerten

[21] *Horn, W.:* a. a. O., S. 39.
[22] *Horn, W.:* a. a. O., S. 40.

Fragebogens durchaus nicht ohne weiteres zu einer verbesserten Unterscheidbarkeit führt.

f) Ein Teilergebnis aus der Methode von *S.* und *E. Glueck*

Eine wesentlich bessere Ausgangsposition schon hinsichtlich eines größeren Mitarbeiterstabes hatten die Amerikaner. Während die bisher angeführten Prognostiker weitgehend in ihrer Forschung auf sich selbst angewiesen waren, konnten die Amerikaner Psychiater und Psychologen heranziehen und dadurch die verschiedensten Untersuchungsmethoden anwenden. Ferner arbeiteten sie mit raffinierten und komplizierten Mitteln einer mathematischen Korrelationsstatistik, um das Gewicht der einzelnen Faktoren zu errechnen und dabei soweit wie möglich subjektive Wertungen auszuschließen. Auf diese mathematischen Einzelheiten soll nicht eingegangen werden.

Die Arbeiten des Ehepaares *Glueck* haben für die Prognoseforschung eine große Bedeutung erlangt, ohne daß alle Ergebnisse akzeptiert werden können. So glauben sie, ein Instrument erarbeitet zu haben, das bereits in den ersten Schuljahren die Entdeckung potentieller Delinquenten ermöglicht.

Unter den vielen Einzelergebnissen ist jedoch eine Erkenntnis, ein Teilergebnis bedeutsam, das nicht besonders auffällt, das evtl. auch gar nicht beabsichtigt war. Es wurde in keiner späteren Prognoseforschung berücksichtigt. Diese beim Ehepaar *Glueck* gewonnene Erkenntnis sollte dennoch für die gesamte Prognoseforschung bedeutsam sein, da sie den Blick von der Summierung äußerer Lebensdaten wegzieht und auf strukturanalytische und charakterologische Zusammenhänge hinweist.

In einer umfassenden Untersuchung wurden 500 jugendliche Rückfallstraftäter zwischen 11 und 17 Jahren mit 500 nachweislich nichtkriminellen Jugendlichen verglichen. Bei dieser Untersuchung wurden Paare gebildet, in denen sich die Rückfallsverbrecher und die Nichtkriminellen jeweils im Alter und in ihrer rassischen und volkstümlichen Herkunft glichen, die den gleichen Intelligenzgrad hatten und aus der gleichen fürsorgebedürftigen Großstadtumgebung kamen und bei denen das familiäre Milieu ebenfalls gleich war. Es wurden also Paare zusammengestellt, die sich äußerlich betrachtet nur hinsichtlich ihres gesetzmäßigen Verhaltens unterschieden.

Zwei Jungen im Alter von ungefähr 14½ Jahren werden in der Arbeit näher beschrieben. Dabei werden nur zögernd die einzelnen Lebensdaten, w. z. B. Vererbungsfaktoren, Familiensituation, Schulausbildung, Umwelteinflüsse, bekanntgegeben. Der Leser soll bei dieser geschickten Gegenüberstellung selbst herausfinden, wer von den beiden Jungen — Frankie oder Jimmy — der rückfällige Kriminelle ist.[23].

In den Familien beider Jungen treten Kriminalität, Trunksucht und krankhafte Störungen der Geistestätigkeit auf. Beide wohnen in Elendsvierteln. Beide Familien kämpfen mit der Armut. Der allgemeine Moralkodex läßt in beiden Familien viel zu wünschen übrig. In beiden Familien ist die Mutter der Herr im Hause. Dies sind nur einige von vielen Faktoren, die verglichen werden und in denen sich die beiden Jungen gleichen. Es ist schwer zu erkennen, wer von beiden Jungen der kriminelle ist. Gelegentlich scheint es Frankie zu sein, paar Zeilen später könnte es Jimmy sein.

Aufschlußreich bei dieser Gegenüberstellung ist die Tatsache, daß auf Grund äußerer objektiv bestimmbarer Faktoren nicht ohne weiteres der Kriminelle von dem Nichtkriminellen unterschieden werden kann. Erst nach Bekanntgabe der *Rorschach*-Befunde hebt sich der eine von dem anderen deutlich ab.

So hat Frankie nach dem *Rorschach* eine geringere Beobachtungsgabe, kann nicht realistisch genug denken, besitzt wenig gesunden Menschenverstand. Er gleitet leicht in die Traumwelt der Phantasie. Beide Jugendlichen unterscheiden sich in den einzelnen Komponenten ihres Intellekts, obwohl ihr Intelligenzquotient gleichermaßen normal ist. Frankie zeigt sich im *Rorschach* als ein extrovertierter Typ. Er ist leicht zu beeinflussen und gerät bei einem Angriff auf seine Gefühlswelt leicht ins Schwanken. Er ist habsüchtig und ein Abenteurer, der in starkem Maße nach Abwechslung, Erregung und Risiko strebt. In seinem Kontakt ist er herausfordernd, destruktiv und hat ein großes Bedürfnis nach Macht, Überlegenheit und Ansehen. Er leidet weder an Minderwertigkeitsgefühlen noch an Unsicherheit, Angst und Verklemmung. Er ist ein außerordentlich feindseliger Mensch. In ihm wohnen tief verwurzelt Impulse, die ihm andere gegenüber unfreundlich sein lassen. Er ist impulsiv, entlädt seine Gefühle leidenschaftlich und ohne viel Selbstkontrolle. Er ist verantwortungslos, flüchtig und unzuverlässig. Ihm fehlt jegliche Vorstellung von Selbstdisziplin, Selbstzucht und Durchhaltevermögen.

Frankie wird als ein Psychopath mit einigen neurotischen Zügen beurteilt.

Demgegenüber besitzt Jimmy auf Grund der *Rorschach*-Befunde eine gute Beobachtungsgabe, hat gesunden Menschenverstand, steht mit beiden Füßen fest auf der Erde. Er wirkt gegenüber Frankie gemessen und zurückhaltend. Sein Gefühlsleben ist unausgeglichen. Er erfaßt Situationen und Anreize. J. hat ein entsprechendes Hemmungsvermögen entwickelt, um den Situationen adaequat begegnen zu können. Er paßt sich den bewährten Verhaltensformen der Gesellschaft an, scheut sich davor, unbekannte und riskante Wege zu beschreiten. Er ist auffallend unterwürfig, leidet an einem Gefühl der Hilfs- und Machtlosigkeit. Als

---

[23] *Glueck, S.*, und *E.:* Jugendliche Rechtsbrecher. Stuttgart 1963, S. 19 ff.

Folge seiner Ängstlichkeit ist er in der steten Furcht aufgewachsen zu versagen und Schlappen zu erleiden. Er neigt dazu, zu leiden und abhängig zu sein, so daß er als Masochist bezeichnet werden kann. Jimmy ist zwar jedem Menschen gegenüber mißtrauisch, kommt aber dennoch mit anderen gut aus. Er kann seine Gefühle zurückhalten und evtl. Ausbrüche in harmlose Kanäle lenken. Er ist von anderen Leuten sehr abhängig und darauf bedacht, die Erwartungen von Autoritätspersonen zu erfüllen, deren Gebote und Tabus anzuerkennen und zu den eigenen zu machen. Er ist sehr autoritätshörig und kann daher nicht spontan denken und handeln. Ihn beherrscht eine zu stark ausgeprägte Gewissenhaftigkeit. Situationen, die Spontaneität erfordern, werfen ihn leicht um.

Jimmy wird als ganz normaler, aber unfreier und irgendwie gehemmter jugendlicher Mensch mit einigen neurotischen Zügen beurteilt.

In der Untersuchung des Ehepaares *Glueck* und bei der paarweisen Gegenüberstellung von äußerlich ähnlichen Jungen ist jene Feststellung bedeutsam, daß die Aufzählung äußerer Lebensdaten nicht ausreicht, um späteres kriminelles Verhalten erkennen zu können bzw. um den Nichtkriminellen von dem Kriminellen zu unterscheiden. Auf Grund dieses Ergebnisses muß es doch mehr als fraglich erscheinen, nur auf Grund äußerer Faktoren Prognosen zu stellen, durch die entscheidend in das Leben eines Menschen eingegriffen werden kann. Erst die Durchleuchtung der Charakterstruktur mit projektiven Methoden (w. z. B. *Rorschach*-Test) geben über das Verhalten Aufschluß und ermöglichen dadurch vorsichtige Prognosen, die sich jedoch nie durch Prozente — womöglich noch mit einer Stelle hinter dem Komma — ausrechnen lassen.

Genügen äußere Faktoren in der statistischen Prognose für eine verantwortliche Entscheidung?

In allen Wissensgebieten — von der Wettervorhersage bis zu politischen Mutmaßungen — werden Prognosen gestellt. Es soll dabei nicht nur zukünftiges Geschehen vorausgesagt, sondern auch die eigene Wissenschaftlichkeit geprüft werden. Oft geht es dabei nur um das eigene wissenschaftliche Prestige.

Anders sollte es in der Kriminologie sein. Hier sollte es nicht darum gehen, welche Methode in rückschauender Betrachtung bei einer ausgewählten Gruppe die größere Treffsicherheit erzielt, sondern um eine auf die Zukunft ausgerichtete Entscheidung. In der Kriminologie wird durch die Anwendung einer Prognose nicht nur in das Leben eines Einzelnen, sondern oft auch in das Leben seiner Mitmenschen eingegriffen. So kann es für einen Strafgefangenen von existentieller Bedeutung sein, ob er auf Grund einer negativen Prognose seine gesamte Strafe verbüßen muß oder ob er zwei Jahre oder mehr gem. §§ 88 oder 89 JGG oder § 26 StGB bei günstiger Prognose vorzeitig entlassen werden kann. Eine Entlassung nach voller Verbüßung der Gesamtstrafe wegen ungünstiger statistischer Prognose, obwohl der Gefangene sich in der Anstalt angestrengt und gut geführt hat, kann auf Grund aufkommender Verbitterung und Enttäuschung einen Rückfall bedeuten, während derselbe Gefangene bei vorzeitiger Entlassung und unter Beiordnung eines Bewährungshelfers sich evtl. ordentlich gehalten hätte, so daß ihm dadurch eine allmähliche Eingliederung in die menschliche Gesellschaft geglückt wäre. Bei der Aufstellung einer Prognose kann nicht nur statistisch verfahren werden, indem gewichtige Faktoren addiert werden. Es gehört mehr dazu, das nicht von äußeren Faktoren, w. z. B. „Arrestverbüßung in der Anstalt", „Flucht aus einer Fürsorgeanstalt" oder „Vorstrafen bei der Geliebten" ableitbar ist.

a) Erfolg bei ungünstiger Prognose — Versagen bei günstiger Prognose

An zwei Beispielen wird gezeigt, daß die statistische Prognose nicht nur nie das Wesen des Einzelnen erfaßt, sondern dem Einzelnen auch Unrecht zufügen kann.

Der erste Straftäter stammt aus ungünstigen häuslichen Verhältnissen. Sein Bruder verbüßt z. Z. wegen Diebstahls im Rückfall eine Gefängnisstrafe.

Er war 16 Jahre, als er ein 17jähriges Mädchen sexuell mißbrauchen wollte. Da es Widerstand leistete und anfing zu schreien, erwürgte er es. Er zerrte es anschließend in eine Vertiefung und deformierte mit einem Stein bestialisch das Gesicht des Mädchens. Er wurde zu zehn Jahren Jugendstrafe verurteilt.

In der Zwischenzeit hatte er bereits acht Jahre verbüßt. Trotz ungünstiger Prognose wurde er vorzeitig entlassen. In der folgenden Zeit traten sehr bald unvorhergesehene Konfliktsituationen ein, denen er nicht gewachsen zu sein schien.

Über den Verlauf seiner Strafzeit ist folgendes zu sagen: Zunächst war er in einer Jugendstrafanstalt. Hier fiel er wegen seiner egozentrischen, unbeherrschten und rücksichtslosen Haltung auf. Er beteiligte sich an einer Tierquälerei, war widersetzlich und bedrohte den Friseur, der ihm die Haare nicht nach seinem Wunsch schneiden wollte, mit den Worten: „Geben Sie acht, daß Sie nicht eines Tages ein Messer in den Rücken gestoßen bekommen."

Die begonnene Lehre mußte wegen Untragbarkeit und Aufsässigkeit abgebrochen werden. Nachdem er fünf Jahre verbüßt hatte, wurde er aus dem Jugendvollzug herausgenommen und kam in die Jungmännerabteilung einer Erwachsenenanstalt. Auch hier gab es zunächst Schwierigkeiten. Er fügte sich jedoch später ein und beendete die wiederaufgenommene Schreinerlehre mit der Gesellenprüfung. Dennoch blieb die Prognose weiterhin ungünstig. Der Psychotherapeut der Anstalt lehnte wegen seiner völligen Gemütsarmut, Affektlahmheit und Uneinsichtigkeit hinsichtlich des Tatgeschehens die Befürwortung einer vorzeitigen Entlassung ab. Der Leiter der Jungmännerabteilung ließ sich in seiner Stellungnahme für eine vorzeitige Entlassung nicht nur von den negativen Merkmalen seiner Charakterstruktur leiten. Für ihn waren die vorhandenen positiven Ansätze maßgebend wie auch die Frage, unter welchen Voraussetzungen eine Entlassung für ihn und damit auch für die Gesellschaft am günstigsten wäre.

Das Optimum in der Erziehungsarbeit schien bei acht Jahren Strafverbüßung erreicht zu sein, so daß bei seiner gemütsarmen Struktur und seiner kalten und rationellen Einstellung nicht noch mehr erwartet werden konnte. Bei weiterer Strafverbüßung hätte damit gerechnet werden müssen, daß die bisherigen Erziehungserfolge verlorengehen würden, so daß seine negative und feindliche Einstellung wieder in den Vordergrund treten würde. Eine Veränderung nach der positiven Seite wäre nach Verbüßung von zwei weiteren Jahren sicherlich nicht erfolgt, sondern wahrscheinlich wäre er in seinem Wesen noch verhärteter, ablehnender und verbitterter geworden. Aus diesem Zustand der Frustration und Resignation heraus könnte er dann leicht in infantile Verhaltensweisen regredieren, w. z. B. „die Gesellschaft will es ja, daß ich ein Verbrecher bleibe, sonst würde sie mir ja helfen". In einem solchen Fall könnten seine Destruktionstendenzen wieder durchbrechen, so daß dann eher mit neuen Straftaten gerechnet werden muß, als bei einer vorzeitigen Entlassung und der Beiordnung eines Bewährungshelfers.

Trotz ungünstiger Ausgangsfaktoren und ungünstiger statistischer Prognose schien eine vorzeitige Entlassung prognostisch günstiger zu sein als eine Entlassung nach Verbüßung der gesamten Strafe. Nach sorgfältigem Abwägen nicht nur jener Faktoren, die in seiner Vergangenheit liegen, sondern auch jener, mit denen er in Zukunft zu rechnen hat, wurde der jugendliche Mörder vorzeitig entlassen. Unverschuldet geriet er jedoch durch die Unvernunft seiner Mitmenschen in kritische Situationen, die seine Resozialisierung gefährdeten.

In Kürze werden diese Begebenheiten berichtet, um unbekannte Gefahren aufzuzeigen, die auf einen Entlassenen warten:

1. Im Rahmen einer Routine-Kontrolle wegen einer unaufgeklärten Straftat wurde sein Alibi überprüft.
2. Während seiner Entlassung wurden drei Sexualmörder verurteilt. Ein Arbeitskollege sagte — nichts Böses ahnend — „Bei Euch war vor acht Jahren doch auch solch scheußlicher Sexualmörder".
3. An einem Wochenende war er daheim. Ein Polizeibeamter erkannte ihn und rief über die Straße: „Na, bist Du auch wieder da! Hoffentlich hast Du Dich gebessert!"
4. Etwas später wurde er von einem Schulkameraden eingeladen, mit ihm Bier zu trinken. In dem Lokal sagte dieser zu ihm: „Darauf kannst Du Dir etwas einbilden, daß ich mit Dir an einem Tisch sitze."

Mit dieser letzten Provokation war seine Belastbarkeit erschöpft. Er fuhr zu seinem Bewährungshelfer, um sich in eine andere Gegend vermitteln zu lassen. Wegen der Weihnachtspause traf er diesen jedoch nicht an. Dann verschwand er. Die erste Nachricht erhielt seine Schwester aus Frankreich. Durch sie konnte er umgestimmt werden, nach Deutschland zurückzukehren. Er wurde dann, um weiteren Provokationen vorzubeugen, in Süddeutschland untergebracht. Dort ist er heute noch in fester Arbeit und hat seine Bewährungszeit durchgestanden. Mindestens einmal im Jahre kommt er zu Besuch, um über sein Ergehen zu berichten.

Dieser junge Mann wurde trotz ungünstiger statistischer Prognose entlassen. Auf Grund eingehender Aussprachen darf jetzt angenommen werden, daß er gefestigt genug ist, um auch weiterhin ein gesetzmäßiges und ordentliches Leben zu führen. Sein Bruder verbüßte in der Zwischenzeit drei Freiheitsstrafen.

Gänzlich anders liegt der Ausgang bei einem Straftäter, der mit einer günstigen Prognose vorzeitig entlassen wurde.

Ein 21jähriger Feinmechaniker verbüßte wegen Verstrickungsbruch eine Gefängnisstrafe von 13 Monaten. Er war ein gewandter und intelligenter junger Mann. Seine Mutter lebte in der Ostzone, sein Vater in der Bundesrepublik. Zu ihm hatte er keinen echten Kontakt. Er fuhr gerne Auto, besaß selbst einen eigenen Wagen, „gab an" und neigte zu hochstaplerischem Verhalten. Vom Anstaltspsychologen wurde er als selbstwertüberzogen und als sehr egoistisch beurteilt. Er war zwar stark gefährdet, aber dennoch resozialisierbar. In der Anstalt hatte er sich gut geführt, war einsichtig und mied es, zu ungünstig strukturierten Mitgefangenen Kontakt aufzunehmen. Anzeichen für Gewalttätigkeiten lagen nicht vor. Wegen guter Führung wurde er in eine offene Anstalt verlegt. Ihm wurde hier auf Grund seiner Vergangenheit, seiner Intelligenz und seines Verhaltens eine günstige Prognose gestellt. Seinem Antrag auf bedingte Entlassung gem. § 26 StGB wurde stattgegeben.

Die Frage einer vorzeitigen Entlassung schien bei reiflicher Überlegung und Prüfung bei ihm weder problematisch noch riskant zu sein. Es war zwar bekannt, daß er ein Autonarr war, es konnte jedoch weder geahnt noch auf Grund einer statistischen Prognose mit Wahrscheinlichkeit vorausgesagt werden, daß er wegen des Wunsches nach einem schnellen Wagen drei Tage nach seiner Entlassung auf Bewährung zwei Menschen erstechen und einen dritten schwer verletzen würde.

Nach *Meyer* soll die statistische Prognose dazu dienen, bereits in der Hauptverhandlung die Entscheidung zu ermöglichen, ob jemand eine unbestimmte oder eine feste Jugendstrafe erhält. Ferner soll dem mit mehreren Schlechtpunkten Belasteten eine längere und intensivere Nacherziehung zuteil werden als demjenigen, der weniger kriminogene Merkmale aufweist. Das kann bedeuten, daß z. B. jemand aus einem geordneten Milieu besser abschneiden kann als ein anderer aus ungeordneten häuslichen Verhältnissen. Dafür ein Beispiel. Es handelt sich um zwei Autodiebe.

A stammt aus sehr ordentlichen familiären Verhältnissen. Aus seiner Kinder- und Jugendzeit sind keine nennenswerten Schwierigkeiten bekannt geworden. Nach dem 15. Lj. fiel er jedoch wegen Autodiebstahl auf. Zunächst erhielt er Jugendarrest. Im zweiten Urteil bekam er wegen unbefugter Benutzung von Kraftfahrzeugen eine Jugendstrafe auf Bewährung, weil seine statistische Prognose gut war. Nach der dritten Verhaftung erhielt er unter Einbeziehung des vorigen Urteils eine Jugendstrafe von unbestimmter Dauer und wurde nach Verbüßung der Mindeststrafe, weil seine Führung in der Anstalt gut und seine statistische Prognose immer noch günstig war, auf Bewährung entlassen. Da er jedoch während der Bewährungszeit wieder wegen Autodiebstahls auffiel, wurde die Bewährung widerrufen. Zusätzlich erhielt er, da er nur ein Auto entwendet hatte und seine Urteilsprognose nach *Meyer* nur zwei Rückfallsfaktoren enthielt, eine geringe Gefängnisstrafe.

Seine Rückfallsfaktoren nach *Meyer* (neueste Überarbeitung) sind:

Nr. 10: mindestens zwei (wenigstens teilweise) verbüßte Freiheitsstrafen und

Nr. 13: alle oder mindestens 60 % der seit Strafmündigkeit verübten Straftaten sind ohne Tatgenossen begangen.

Wesentlich ungünstiger ist die Lebensgeschichte von B. B stammt aus ungünstigen häuslichen Verhältnissen. Seine Mutter starb früh. Er wuchs zunächst bei seinem Vater auf, der bald eine Witwe mit zwei Kindern heiratete. Mit seiner Stiefmutter kam B nicht zurecht. Auch zu seinem Vater traten Spannungen ein, da dieser seiner jetzigen Frau, die ihren Stiefsohn bei ihrem Mann schlecht machte, mehr glaubte als seinem Sohn. B wurde in der neuen Familiensituation allmählich immer mehr an die Wand gedrückt. Auch kümmerte sich keiner um ihn und half ihm bei den Schulaufgaben. Er kam zwar in der Schule mit, doch wenn er seine Schularbeiten nicht richtig gemacht hatte, schwänzte er aus Angst die Schule. Allmählich empfand man ihn daheim als lästig und als Störenfried, obwohl er keine Schwierigkeiten bereitete.

Da die Eltern noch Kinder bekamen und die räumlichen Verhältnisse etwas beengt waren, sah man hierin einen willkommenen Anlaß, B auf dem Wege der Freiwilligen Erziehungshilfe in ein Fürsorgeheim zu geben. Hier fühlte er sich nicht wohl, konnte sich den älteren Kindern gegenüber nicht durchsetzen, die ihn hänselten, so daß er sich in seiner Einfalt nicht anders zu helfen wußte, als auszureißen.

Auf der Flucht wurde er straffällig. Er entwendete zwei Fahrräder und brach in einen Kiosk ein, weil er hungrig war. B kam in das Fürsorgeheim zurück. Er begann eine Kfz-Schlosserlehre, die er nach seiner Entlassung draußen fortsetzte und beendete. Dabei lernte er Auto fahren, ohne jedoch einen Führerschein zu besitzen.

Weil er einmal unerlaubterweise mit dem Wagen eines Bekannten und ohne Führerschein fuhr, erhielt er Jugendarrest. Nach der zweiten Straftat erhielt er wegen unbefugter Kfz.-Benutzung und Fahren ohne Führerschein eine Jugendstrafe. Er hatte aus der Werkstatt seines Meisters einen Wagen genommen, um seiner Freundin damit zu imponieren.

Dabei verursachte er einen Unfall. Da er charakterlich noch nicht zum Fahren eines Wagens geeignet zu sein schien, mußte er auf den Erwerb eines Führerscheins noch warten.

Nach seiner Entlassung aus der Strafhaft arbeitete er wieder in einer Kfz.-Werkstatt mit Tankstelle. Als Fachkraft wurde er geschätzt, so daß er in seiner Freizeit die Wagen von Bekannten reparierte. Aus Gefälligkeit durfte er diese Wagen stillschweigend für sich benutzen und wurde wieder geschnappt wegen Fahren ohne Führerschein. Sein Bekannter, der ihm den Wagen geliehen hatte, befürchtete nun, er würde deswegen seinen Führerschein verlieren. Um ihn jedoch nicht in Verlegenheit zu bringen, nahm B alles auf sich und sagte, er hätte unerlaubt den Wagen benutzt.

Da dies nun ein Wiederholungsfall war, schien er dem Gericht als ein unverbesserlicher Hangtäter, der nun die „volle Härte des Gesetzes" zu spüren bekommen sollte, zumal bei ihm laut Prognosetafel *Meyer* mit einer 100%igen Rückfallswahrscheinlichkeit zu rechnen sei.

Folgende 7 Rückfallsfaktoren trafen bei B nach der neuesten Überarbeitung von *Meyer* zu:

Nr. 3 c Mutterwaise im Haushalt des Vaters,
Nr. 4 b Schulschwänzer,
Nr. 6 Aufenthalt im Erziehungsheim,
Nr. 7 Ausreißer aus Erziehungsheim,
Nr. 8 Beginn der Kriminalität vor Vollendung des 15. Lj.,
Nr. 10 mindestens zwei (wenigstens teilweise) verbüßte Freiheitsstrafen (Jug.Arr. gilt hier als Freiheitsstrafe) und
Nr. 13 alle oder mindestens 60% der seit Strafmündigkeit verübten Straftaten sind ohne Tatgenossen begangen.

Mit sieben Rückfallsfaktoren gehört B nach *Meyer* zur Gruppe III, in der sämtliche Probanden (= 100%) wieder rückfällig wurden, so daß auch bei B mit einer sehr hohen Rückfallswahrscheinlichkeit — evtl. sogar mit 100% — zu rechnen ist.

Zu beiden Fällen ist zu sagen, daß B nicht mehr rückfällig wurde, während A mit seiner guten statistischen Prognose wieder Fahrzeuge stahl. Es fiel bei A zwar auf und war auch bekannt, daß er bei seinen Straftaten stets angetrunken war. Aber erst bei seiner letzten Verurteilung wurde festgestellt, daß es sich bei A um einen Alkoholiker handelte. Nach der letzten Strafverbüßung ging er in eine offene Trinkerheilstätte.

An diesen vier Fällen wird deutlich, wie schwierig es in der Kriminologie ist, verantwortungsbewußt Prognosen zu stellen und danach zu entscheiden. Die Beispiele zeigen einmal, daß eine Prognose auf Grund äußerer Merkmale ohne Berücksichtigung der jeweiligen Charakterstruktur nicht gestellt werden darf. Zum andern kann gefragt werden, ob es vom Rechtsdenken her vertretbar ist, sich in einer Hauptverhandlung oder später im Vollzug von einer statistischen Prognose leiten zu lassen. Auch der persönliche Eindruck, dem nach *Meyer* die gleiche Bedeutung zukommt wie der statistischen Prognose und diese korrigieren könnte, ist unzureichend und wird dem Wesen des Straffälligen nicht gerecht. So würde in obigem Beispiel sich A auf Grund besserer Begabung und ausgeprägteren Selbstbewußtseins sich vor Gericht wahrscheinlich gewandter verhalten, sich verbal geschickter ausdrücken können, so daß er damit imponieren und günstiger abschneiden würde als der vom Schicksal benachteiligte B. Dieser würde wegen seiner Unbeholfenheit, seiner Gehemmtheit und Unsicherheit, auch wohl wegen seines größeren Schuldbewußtseins vermutlich vor Gericht nicht viel sagen können, so daß er deswegen evtl. für verstockt und unverbesserlich gehalten werden könnte.

Der Mensch in seiner unfaßbaren Ganzheit, auch wenn er noch so „primitiv" strukturiert zu sein scheint, ist eben nicht so angelegt, daß sein zukünftiges Verhalten sich aus Tatsachen ableiten läßt, die „sich leicht ermitteln lassen", wie es *Meyer* fordert.[24]

b) Statistische Prognosen sind Prognosen ohne Diagnose

Es ist das Ziel der statistischen Prognose, Faktoren zu finden, die bedeutsam für eine Rückfallswahrscheinlichkeit und außerdem so präzise erfaßt und formuliert sind, daß dadurch jegliche subjektive Wertung ausgeschaltet wird. Diese Forderungen erfüllen die Methoden von *Brückner, Meyer* und *Horn.* Ihre Methoden sind eindeutig und leicht zu handhaben, so daß sie jede Hilfskraft ohne Schwierigkeiten anwenden kann, um schnell die jeweilige Rückfallswahrscheinlichkeit in Prozenten zu errechnen.

Grundlagen der statistischen Prognose können demnach nur äußere Faktoren sein, w. z. B. „ist Ihre Geliebte schon gerichtlich bestraft worden?" *(Horn);* „Schulschwänzer", „Ausreißer aus einer Fürsorgeanstalt" *(Meyer)* oder „erlernter Beruf nicht ausgeführt" *(Brückner).* Diese Faktoren sind zwar aus der Lebenslaufanalyse gewonnen, brauchen jedoch für das Wesen des Betreffenden nicht typisch zu sein. Sicherlich haben diese Merkmale das Leben eines Menschen bis zu der letzten Straftat irgendwie untergründig bestimmt. Es kann auch sein, daß sie sich weiterhin negativ auswirken werden. Dennoch muß nicht mit logischer Konsequenz die nächste Straftat erfolgen, weil diese äußeren Faktoren bei einer Persönlichkeit vorliegen. Es ist nicht gerechtfertigt, im Einzelfall einen Menschen prognostisch ungünstig zu beurteilen, nur weil solche Faktoren bei Rückfalltätern gefunden werden.

Leferenz weist darauf hin, daß in den Untersuchungen von *Frey* fast sämtliche seiner frühkriminellen Rückfallsverbrecher erhebliche aso-

[24] *Meyer, F.:* Der kriminologische Wert von Prognosetafeln. Mschr. Krim. 42. Jg., 1959, S. 232.

ziale Tendenzen in der Kindheit und frühen Jugend aufweisen, daß aber nur 15 % dieser kriminellen Kinder später straffällig werden und daß von diesen 15 % nur etwa ein Viertel zu Rückfallsverbrechern wird.[25] Ferner ist bekannt, daß mit zunehmendem Alter die kriminelle Intensität nachläßt, so daß viele später ein unauffälliges Leben führen und strafrechtlich nicht mehr in Erscheinung treten, die früher wegen Diebstahl im Rückfall mehrere Strafen verbüßen mußten, wie es oft bei Autodieben der Fall ist, und über eine ungünstige statistische Prognose verfügten.

Es wird auf die Ausführungen des Chefpsychologen *Hoeck-Gradenwitz* der Forvaringsanstalten in Herstedtvester/Dänemark verwiesen. Hier werden 50 % nach dem ersten Aufenthalt rückfällig. Nach einem zweiten Aufenthalt kommt von diesen nur die Hälfte wieder zurück, so daß sich dann ungefähr 75 % strafrechtlich unauffällig verhalten. Auch von der Medizin ist bekannt, daß es hartnäckige Fälle und Rückfälle gibt.

Die Merkmale beziehen sich nicht nur auf äußere Tatbestände, sondern sie gehören auch der Vergangenheit an, sind unveränderlich und damit unkorrigierbar. Daher ist es bei einer statistischen Prognose vollkommen gleichgültig, ob sie vor der Verurteilung oder nach der Strafverbüßung errechnet wird, da das zahlenmäßige Ergebnis immer gleich ist.[26] Die negativen Merkmale oder Faktoren der Prognose können nicht durch eine positiv verlaufene Strafzeit gelöscht oder aufgewertet werden. Dadurch finden die Bemühungen eines Erziehungsvollzuges in einer statistischen Prognose keinen Niederschlag. Ihr Resultat kann sich also trotz Therapie und Erziehung nicht verbessern, sondern nur verschlechtern, wenn nämlich während der Strafverbüßung wegen Disziplinschwierigkeiten Arrest verhängt werden muß, der weitere Minuspunkte ergibt. Es ist jedoch allgemein bekannt und *Frey* wies bereits 1951 darauf hin, daß das Verhalten in der Anstalt für sich allein kein prognostisch zuverlässiger Faktor ist. „Nach den Ausführungen ... darf weder ein gutes Verhalten in der Anstalt als günstiges noch ein schlechtes Verhalten als ungünstiges Symptom bewertet werden."[27] In den Faktoren der statistischen Prognose spiegelt

---

[25] *Leferenz, H.:* Probleme der kriminologischen Prognose. In Kriminalbiologische Gegenwartsfragen (herausg. von Mezger u. Würtenberger), H. 3, 1958, S. 41.

[26] Daran ändert auch keine Briefzensur oder Besuchsüberwachung etwas, um dadurch, wie *Horn* in seinen Ausführungen meint, ein besseres Bild über einen Gefangenen zu erhalten. Es wird übersehen, daß dabei wieder viele intuitive Momente in die statistische Methode einfließen, die gerade vermieden werden sollen.

[27] *Frey, E.:* a. a. O., S. 250.

sich zwar die Summe der Enttäuschungen, Entsagungen und anderer Mangelerlebnisse wider. Sie sagen aber nichts darüber aus, wie die negativen Erlebnisse innerlich verarbeitet wurden, wie die jeweilige Charakterstruktur geformt und verformt wurde. Da diese Faktoren über das psychische Geschehen, über den jeweiligen Status nichts aussagen, ist es sehr zweifelhaft, ob sie über zukünftiges Verhalten etwas Verbindliches sagen können.

Kein Arzt würde auf den Gedanken kommen, nur auf Grund der durchgemachten Kinderkrankheiten, Erkältungen, Entzündungen oder Brüche eine Prognose zu stellen, ohne den Patienten untersucht und seine Krankheit diagnostiziert zu haben. Jede Prognose sollte aus einer Diagnose hervorgehen und wäre ohne Diagnose nicht denkbar. Diese Forderung sollte auch für die Kriminologie gelten. Während die klinische Prognose nach *Leferenz* von einem kausal-deterministischen, positivistischen Ansatz ausgeht und das Vorauserkennen eines körperlich-kausal verlaufenden Krankheitsprozesses meint, handelt es sich bei der kriminologischen Prognose nicht darum, „einen einfachen Kausalprozeß exakt naturwissenschaftlich vorherzubestimmen, sondern vielmehr um eine Aussage über künftige Entscheidungen und Handlungen eines Menschen. Und diese sind nicht als Fazit eines Prognoseschemas abzulesen."[28] Auch nach *Bauer* sagt das Instrumentarium der Prognose nichts über die kausalen Faktoren im Einzelfall voraus. Für *Bauer* ist die Prognosetabelle einem Fieberthermometer vergleichbar, das nur angibt, ob die Temperatur normal ist oder nicht. Über die Krankheit selbst wird aber nichts ausgesagt.[29] Wenn solche Haltung den Prognosetabellen gegenüber gewahrt wird, dann kann es nicht zu folgender Kuriosität kommen, wie sie in einer Personalakte stand. Dort hieß es sinngemäß: Bei X wird mit einer 70%igen Rückfallswahrscheinlichkeit gerechnet. Sollte sich jedoch herausstellen, daß sein Vater Trinker war, dann steigt die Rückfallswahrscheinlichkeit um weitere Punkte. Auch Ehepaar *Glueck* warnt davor, Prognosetafeln mechanisch wie Automaten oder als Ersatz für ein fundiertes klinisches Urteil zu benutzen. „Sie sind lediglich als Hilfe dabei gedacht, die Probleme eines einzelnen Kindes in der Perspektive einer organisierten Erfahrung zu betrachten."[30]

c) Statistische und intuitive „Methoden"

Von den Verfechtern der statistischen Methoden wird immer wieder angeführt, daß die Fehlerzahl bei ihnen wesentlich kleiner sei als bei den intuitiven Methoden. Bei dieser Gegenüberstellung wird über-

[28] *Leferenz, H.:* a. a. O., S. 45.

[29] *Bauer, F.:* Das Verbrechen und die Gesellschaft. München/Basel, 1957, S. 204.

[30] *Glueck, S.,* und *E.:* a. a. O., S. 196.

sehen, daß von intuitiven Methoden in der Kriminologie, die zahlenmäßig vergleichbar sind, eigentlich nicht gesprochen werden kann.[31] Anstaltsleiter, Anstaltspfarrer, Anstaltsärzte (Somatiker) und Oberlehrer haben bei dem Vergleichsmaterial zwar intuitiv, d. h. gefühlsmäßig Prognosen gestellt, indem die Akten gelesen und ein persönlicher Eindruck zugrunde gelegt wurde. Es wäre aber doch verfehlt, bei der Erhebung solcher Prognosen bereits von einer Methode zu sprechen, wie sie z. B. *Leferenz* fordert. Daher ist es sachlich unzulässig, eine wissenschaftliche Methode mit einer Arbeitsweise zu vergleichen, die eben keine Methode ist. Und unsachlich ist danach auch die Feststellung, daß intuitive Methoden mit höheren Fehlerprozentsätzen belastet sind als die statistischen Methoden. Die Feststellung, daß statistische Prognosen bessere Ergebnisse als intuitive Prognosen erzielen, die nicht von Sachverständigen erhoben wurden, wird dadurch nicht berührt. Nicht die intuitive Methode ist unwissenschaftlich und unbrauchbar, sondern die intuitive Prognose, der keine wissenschaftliche Methode zugrunde liegt.

Bei dem hartnäckigen Festhalten an statistischen Prognosen und dem ebenso entschiedenen Ablehnen von intuitiven Prognosen nach wissenschaftlicher Methode fällt auf, daß die statistischen Prognosetafeln — mit Ausnahme derjenigen von *Horn* — nicht von Psychiatern und Psychologen, sondern von Juristen *(Brückner, Gerecke, Frey, Meyer, Schiedt)* entworfen wurden. Allein bei *Frey* wurden psychologische Erkenntnisse berücksichtigt. Jedoch wird diese Prognosetafel von den reinen Statistikern abgelehnt, da bei ihr zuviel an intuitiven Momenten einfließen könnte. Das starke Engagement der Juristen auf diesem Gebiet liegt einmal daran, daß Angehörige anderer Fakultäten erst nach 1945 allmählich Zugang zu Strafgefangenen erhielten und daß Kriminologie auch heute noch eine Domäne der Juristen ist. Zum andern liegt die statistische Ausrichtung in der Kriminologie auch daran, daß Psychiater und Psychologen sich bewußt sind, ohne charakterologische Erfassung und Würdigung der Gesamtpersönlichkeit kein Prognoseschema entwerfen zu können. Auch halten sie ein solches Schema nicht für erforderlich, da in jedem Einzelfall immer wieder neu untersucht und entschieden werden muß. Aus diesem Grunde halten anerkannte Psychiater und Psychologen wie *Bresser, Leferenz, Mey, Munkwitz, Nass, Stutte* und *Suttinger* in ihren Schriften die Anwendung der statistischen Prognose nicht nur für bedenklich, sondern lehnen sie sogar ab. Sie treten für eine individuelle, strukturanalytische Prognose ein, die in der psycho-diagnostischen und intuitiven Methode erarbeitet wird. So fordert *Suttinger:* „Es muß daher

[31] Es fragt sich, ob die Fragebogenmethode des kriminalbiologischen Dienstes mit 18 Seiten Umfang als intuitive Methode bezeichnet werden kann.

eine Strukturanalyse der Persönlichkeit herausgearbeitet werden."[32] Nach *Leferenz* ist die intuitive Methode die eigentliche und entscheidende der Psychologen und Psychopathologen und sollte damit auch diejenige der Kriminologen sein. Die intuitive Methode besteht darin, „daß man sich an Hand der Aktenunterlagen und durch eingehende Gespräche, wie man sie in der Psychiatrie als Exploration bezeichnet, eine möglichst genaue Kenntnis der Persönlichkeit des Täters verschafft. Ein Beweis im naturwissenschaftlichen Sinne, wie etwa bei einem physikalischen Gesetz, für die Richtigkeit, d. h. die Wirklichkeit des so gewonnenen Bildes vom Täter gibt es naturgemäß nicht. Im Bereich des einfühlenden Verstehens ist es vielmehr die als unmittelbar erlebte Evidenz, die ihre Überzeugungskraft in sich selbst trägt. Sie ist die Voraussetzung aller verstehenden Psychologie. Das objektive Material über den Täter, etwa die in den Akten niedergelegten Tatsachen geben hierbei sehr wichtige Anhaltspunkte ab. Sie haben aber keine selbständige Bedeutung, sondern dienen nur als Unterlage für die verstehende Erfassung des Täters."[33]

d) Psychologische Erkenntnisse bleiben in der statistischen Prognose unberücksichtigt

In den statistischen Prognosen werden einmal Manipulationen vorgenommen, die wissenschaftlich nicht haltbar sind, zum andern bleiben Forschungsergebnisse unberücksichtigt, die in einer modernen Kriminologie jedoch nicht übersehen werden dürfen, wenn es ernstgemeint ist, daß dem Straftäter als Individualität Recht widerfahren soll.

Bereits 1958 weist *Nass* darauf hin, daß Symptome, die untereinander inadaequat sind, sich nicht wie Zahlen addieren lassen. So können z. B. die Merkmale „Trunksucht bei einem Elternteil", „jüngstes Kind" und „alle Straftaten ohne Tatgenossen begangen" nicht auf einen gemeinsamen Nenner gebracht werden, um dann als einzelne Zahl eine verbindliche Aussage zu machen. Ein solcher Vorgang ist eine statistische Abstraktion, die phänomenologisch nichts besagt. Auch wenn sich statistisch nachweisen läßt, daß Jugendliche, bei denen diese Merkmale vorliegen, prädisponiert für wiederholte Straftaten sind, so sagt diese Summierung nichts darüber aus, warum sie straffällig wurden. Ferner geht aus solcher Summierung nicht hervor, warum andere Jugendliche, bei denen die gleichen Merkmale vorgefunden

[32] *Suttinger, G.:* Die Urteils- und Entlassungsprognose aus psychologischer Sicht. In Gerichtliche Psychologie (herausg. von Blau und Müller-Luckmann) Neuwied/Berlin 1962, S. 321.

[33] *Leferenz, H.:* a. a. O., S. 37.

werden können, nicht straffällig bzw. nicht wiederholt straffällig werden. „... jeder Mensch ist etwas Selbständiges und Einmaliges. Eine schablonenhafte Übertragung von einem auf den anderen ist nicht möglich. Würde man es aber unternehmen, die vorstehend erfaßte Gesamtstruktur des Probanden punktmäßig einzusetzen, so würde dies m. E. eine Pseudo-Exaktheit bedeuten."[34 35]

Lassen sich keine äußeren inadaequaten Tatbestände zahlenmäßig summieren, so auch keine psychischen Tatbestände heterogener Art, w. z. B. Reizbarkeit und Minderbegabung. Diese können zwar nebeneinander phänomenologisch betrachtet und charakterologisch zu einem Bild zusammengefügt werden, sie lassen sich jedoch nicht zu einer Zahl abstrahieren, die Auskunft über eine Verhaltensweise geben soll. Erst recht nicht, sagt *Nass*, lassen sich dann psychische Tatbestände mit Bestandteilen anderer kategorialer Herkunft (z. B. Kontaktbereitschaft und Trunksucht des Vaters) summieren.[36]

Die Diskussion um die kriminologische Prognose zeigt, wie weit man in der statistischen Methode von modernen Erkenntnissen noch entfernt ist. In ihr werden keine tiefenpsychologisch-diagnostischen Befunde verwertet. Ohne die Erfahrungen der Tiefenpsychologie und ohne die Ergebnisse projektiver Testverfahren (s. *Rorschach*-Untersuchungen in der Forschung des Ehepaares *Glueck*) kann eine moderne Kriminologie nicht mehr auskommen. Anscheinend wird dabei übersehen, daß sich psychische Tatbestände und Prozesse objektivieren lassen.[37]

Außerdem wird in der statistischen Prognose ausgeklammert, daß der Mensch in einem ständigen Reifungsprozeß steht und damit nicht unveränderlich ist. Dies bedeutet, daß eine verbüßte Strafzeit auf den

---

[34] *Leferenz, H.:* Die Kriminalprognose auf statistischer Grundlage. In Kriminalbiologische Gegenwartsfragen (herausg. vom Bundeskriminalamt), 1959, S. 76.

[35] An solche Pseudo-Exaktheit hat *Mey* wohl in seinem Diskussionsbeitrag gedacht, als er von einer Spielerei mit statistischen Prognosen um bessere Prozentergebnisse sprach, die am Wesen der Straftäter vorbeigehen.

[36] *Nass, G.:* Psychologische Fehlerquellen bei Prognosetabellen und deren Eliminierung. Kriminologische Gegenwartsfragen (herausg. von Mezger und Würtenberger), H. 3, 1958, S. 50.

[37] Die Ignoranz moderner Erkenntnisse mag vielleicht in dem Wesen der Psychologie selbst liegen. Psychologie und Erziehung werden von Laien als etwas Selbstverständliches angesehen, von denen jeder etwas versteht und daher auch mitreden kann. Geht Psychologie jedoch über das Selbstverständliche hinaus, dann wird sie etwas „Mysteriöses", etwas „Obskures", das nicht ernst genommen zu werden braucht. Daher wird lieber auf Psychologen verzichtet oder sie werden allenfalls, um die eigene Fortschrittlichkeit zu dokumentieren, geduldet.

Gefangenen eine Wirkung hinterlassen kann, die nicht immer nur negativ zu sein braucht. So finden therapeutische und pädagogische Erfolge in einer statistischen Prognose keinen Niederschlag. Es besteht die Gefahr, daß durch eine solche Prognose ein Mensch abgeschrieben und zu einem potentiellen Rückfallsverbrecher abgestempelt wird, wenn er eine bestimmte Punktzahl erreicht hat, wie in einem Beispiel gezeigt werden konnte. Ein Jugendlicher, der unverschuldet in einem Milieu aufwuchs, in dem er sich nicht ordentlich entwickeln konnte; der daheim fortlief, weil er das Milieu nicht ertrug; der in ein Fürsorgeheim kam, weil er durch seinen Vater oder durch seine Mutter in den engen häuslichen Verhältnissen sexuell zu verwahrlosen drohte; der sich etwas Eigentum aneignete, weil er nichts sein Eigen nennen konnte; solchem Jugendlichen wird keine statistische Prognose gerecht, sondern er muß damit rechnen, daß er härter angefaßt wird als ein Jugendlicher mit äußerlich besseren familiären Voraussetzungen.

Die statistischen Prognosen stehen im Widerspruch zum Erziehungsvollzug. Die Verfechter dieser Methoden werden zwar einwenden, daß im Zuge einer rationellen Arbeitsweise die Spreu vom Weizen gesondert werden muß, um dadurch mehr Zeit für jene Gefangenen zu bekommen, die noch erziehbar sind, bei denen es sich noch lohnt. Dagegen ist einzuwenden, daß vom pädagogischen und vom geisteswissenschaftlichen Standpunkt aus es sich bei jedem Menschen lohnt, erzieherisch wirksam zu werden. Wenn beim ersten Male nicht gleich ein Erziehungserfolg erreicht wird, dann sind die adaequaten Mittel noch nicht gefunden oder noch nicht richtig eingesetzt worden. Es könnte aber auch jener Fall eintreten, daß Strafgefangene mit einer hohen Rückfallswahrscheinlichkeit eine besonders intensive Betreuung erfahren, so daß diese — trotz ungünstiger statistischer Prognose — evtl. nicht mehr rückfällig werden, wie es in Herstedvester erlebt werden kann.

Für die Erziehungsarbeit selbst ist die Kenntnis der Prozentzahl der jeweiligen Rückfallswahrscheinlichkeit nicht günstig, sondern eher von Nachteil. Diese Kenntnis kann sich für den Strafgefangenen negativ auswirken, indem ihm gegenüber bei einer hohen Prozentzahl — sei es bewußt oder unbewußt — eine negative Haltung eingenommen wird, w. z. B. „der kommt ja doch wieder". Eine solche Haltung lähmt nicht nur den Erzieher und den Aufsichtsbeamten in seinen Bemühungen, sondern sie wird auch von den Gefangenen wahrgenommen, die oft ein sehr feines Gespür für kaum wahrnehmbare Stimmungen haben. Ihre einfachen Reaktionsmöglichkeiten sind dann Aggressionen oder Resignation.

Außerdem erschwert man sich durch das Wissen um eine hohe Rückfallswahrscheinlichkeit, unvoreingenommen, ohne Vorurteil an einen Gefangenen heranzugehen. Dieser wird dann nicht mehr aus dem Augenblick heraus seinem Wesen entsprechend behandelt, sondern im Hintergrund einer Begegnung steht die hohe Rückfallswahrscheinlichkeit, die eine sachgerechte Erziehung ungünstig beeinflussen könnte. Umgekehrt können Gefangene mit geringeren Prozentwerten vernachlässigt werden, weil sie wegen einer günstigen statistischen Prognose nicht so gefährdet erscheinen. Fraglich wird bei solchen Überlegungen, wie eine statistische Prognose nach *Meyer* „... zur Auswahl des richtigen Entlassungszeitpunkts beitragen" kann[38], zumal — wie gezeigt wurde — ein positiver Behandlungseffekt sich in solcher äußerlichen Prognose nicht widerspiegelt.

Ist eine Prognose zu verstehen als ein „Vorherwissen", als Ankündigung eines künftigen Verlaufs (medizinisch: als Ankündigung des Ausgangs einer Krankheit), dann ist die Prognose an sich ohne Antizipation, ohne Vorausnahme künftigen Geschehens nicht denkbar. Danach können einer Prognose nicht nur vergangene Tatbestände zugrunde gelegt werden, als würden diese sich linear fortsetzen und weiterwirken.

Im somatischen Bereich der Medizin ist es verhältnismäßig einfach, Prognosen zu stellen, da das körperliche Geschehen einmal mehr geradlinig als das psychische Geschehen verläuft, und zum andern ist die Zahl der unbekannten Faktoren, die störend wirksam werden, wesentlich kleiner. Der psychische Bereich umfaßt mehr Dimensionen als der somatische Bereich. Die Psyche ist mehr Belastungen ausgesetzt. Da ihr Sein mehr ein In-der-Welt-Sein ist als das somatische Sein, ist ihre Reizfläche, ihr Reizbereich, ihre Angriffsfläche nicht nur größer, sondern die Psyche ist dadurch auch empfindlicher und verwundbarer. Sie ist Belastungen und Reizen ausgesetzt, die vorher wohl geahnt aber nicht gewußt werden können. Hinsichtlich der Kriminologie bedeutet diese Weltoffenheit der Psyche, daß eine Prognose nicht berechnet werden kann.

Nach *Nass* sind zwei Faktoren für einen Rückfall entscheidend: einmal die Reizempfänglichkeit des Täters und zum andern die Reizkonstellation in der Umweltsituation[39]. Diese Reizkonstellation ist der unbekannte Faktor in der Kriminalprognose. Folglich sagen die Statistiker, begnügen wir uns also mit dem, was wir haben und wissen. Dies wäre verständlich, wenn nicht trotzdem versucht würde, mit Zahlen eine Prognose zu errechnen und zu glauben, durch größere Trefferzahl dem Wesen der Kriminalität näherzukommen. Für eine

---

[38] *Meyer, F.:* Der gegenwärtige Stand der Prognoseforschung in Deutschland. Mschr. Krim. 48. Jg., 1965, H. 5, S. 245.

[39] *Nass, G.:* a. a. O., S. 48.

verantwortliche Prognose genügt es nicht, sich nur auf Vergangenes zu stützen, sondern sie muß zukünftige Reizkonstellationen, soweit sie erfahrbar sind, berücksichtigen. So sind z. B. für den Verlauf einer Prognose die Entlassungsumstände, die Entlassungszeit und der Entlassungsort bedeutsam. Für einen Alleinstehenden wird eine Prognose wesentlich günstiger sein, wenn er im Frühjahr entlassen wird, als wenn er kurz vor Weihnachten ohne Arbeit und Unterkunft auf der Straße steht.

Zwischen den Faktoren der Vergangenheit und der Reizkonstellation in der Zukunft steht der einzelne Straftäter mit seiner ganz spezifischen Charakterstruktur. Erst wenn diese drei Bereiche phänomenologisch zusammengesehen werden, können Aussagen gemacht werden, die dem Einzelnen als Individualität einigermaßen gerecht werden.

e) Schlußbetrachtung

Diagnose und Prognose sind Hilfsmittel, um in der Kriminologie Gefahrenmomente möglichst niedrig zu halten und früh genug zu erkennen. Diese können jedoch nie gänzlich ausgeräumt werden, da sich zukünftige Reizkonstellationen, die eine Straftat auslösen können, nicht vorherberechnen lassen.

Tiefenpsychologische und diagnostische Methoden liefern wohl ein ziemlich genaues Bild einer Persönlichkeit, sie können jedoch nicht das zukünftige soziale Umfeld mit seinen Spannungssituationen und Konflikten in den Griff bekommen. In der allgemeinen Psychologie beschränken sich Diagnosen gewöhnlich darauf, der untersuchten Persönlichkeit zu helfen bzw. bei ihr einen Heilungsprozeß einzuleiten. In kriminalpolitischer Sicht hat die Diagnose jedoch noch eine weitere Bedeutung. Hier dient sie nicht nur einer eventuellen Therapie, sondern sie zielt auf die Prognose, die zwar für den Straftäter gestellt wird, aber weitgehend von einem Sicherheitsgedanken für die Umwelt bestimmt wird.

Diagnose und Prognose sollen in der Kriminologie zwar die Voraussetzungen für eine Behandlung der Straftäter schaffen. Doch da sich diese z. Z. in einer Anstalt auf Grund ihrer Struktur und Ausrichtung trotz Anwesenheit von Psychiatern und Psychologen kaum sachgerecht realisieren läßt, bleibt die Diagnose, die nur bei auftretenden Schwierigkeiten befragt wird, in den Akten, während die Prognose an Bedeutung gewinnt. Diese soll die Gesellschaft vor Rückfallsverbrechern schützen. Die Prognose zielt dabei jedoch nicht auf eine Besserung der Straftäter, sondern nur auf eine längere oder kürzere Zeit der Strafverbüßung.

Aus diesem Sicherungsdenken, das für die heutige Zeit wesentlich zu sein scheint, kann auf Grund ungünstiger statistischer Prognosen dem Einzelnen großes Unrecht geschehen bzw. kann durch eine solche Prognose, die die charakterologische Struktur außer acht läßt, eine Gefahr heraufbeschworen werden. So wäre der Mörder in dem angeführten Beispiel fast nicht vorzeitig entlassen und dadurch wegen Verbitterung und Zurücksetzung vielleicht wieder straffällig geworden. Während dieser sich trotz großer Schwierigkeiten hielt, wurde der Betrüger mit der guten statistischen Prognose zum Doppelmörder.

Statistische Prognoseforschung und das Sammeln äußerer Merkmale ist ein dankbares Gebiet für wissenschaftliche Arbeiten. Wenn dabei auch nicht übersehen werden kann, daß durch solche Arbeiten kriminogene Faktoren gefunden wurden, die gehäuft bei Rückfallsverbrechern auftreten, so besagen diese Merkmale über das Wesen der Kriminalität nichts. Die Bedeutung statistischer Prognosen liegt mehr in einer vergleichenden Funktion, indem retrospektiv festgestellt wird, daß Prognosetafel A — in Prozenten errechnet — weniger Fehler aufweist als Prognosetafel B oder gar als gefühlsmäßig erhobene Prognosen. Innerhalb der kriminologischen Praxis wäre es jedoch in prospektiver Sicht verantwortungslos, Entscheidungen nur auf Grund statistischer Prognosen zu fällen, ohne eine sorgfältige charakterologische Untersuchung vorgenommen zu haben. Was bedeutet es schon, wenn bei einem Straftäter ohne Trunksucht seines Vaters eine Rückfallswahrscheinlichkeit von 70 %, bei Trunksucht jedoch eine höhere Rückfallswahrscheinlichkeit errechnet wird? Es bedeutet schon deshalb nicht viel, weil bei den statistischen Prognosen nicht gesagt wird, mit wieviel Prozent Wahrscheinlichkeit der Straftäter zu den 70 von 100 gehört, die rückfällig werden, bzw zu den 30 von 100, die bei gleicher Punktzahl eben nicht mehr vor Gericht erscheinen. *Bresser* sieht einen systematischen Mißbrauch, „wo statistische Analysen in die Charakterologie oder Menschenbeurteilung übertragen werden. Die Ergebnisse der vorwiegend soziologisch orientierten Untersuchungen sowie die Auswertung von Korrelationen und Faktorenanalysen erlauben kaum eine verbindliche Aussage über den Einzelmenschen. Jeder Mensch, auch der Rechtsbrecher, ist immer noch etwas anderes als eine statistische Schablone, ein Faktorenbündel oder eine Marionette seiner Umwelt."[40]

Innerhalb der wissenschaftlichen Psychologie kann der Mensch analysiert und zerlegt werden. Seine Funktionen und Fähigkeiten können gemessen und gewogen werden, innerseelische Strukturzusammenhänge können aufgedeckt und anerkannt werden. Innerhalb der Kriminalpsychologie ist der Mensch jedoch kein abstraktes Wesen,

[40] *Bresser, P. H.:* Grundlagen und Grenzen der Begutachtung jugendlicher Rechtsbrecher. Berlin 1965, Vorwort.

sondern ein soziales Glied der menschlichen Gesellschaft. Der Mensch ist dadurch nicht nur von sich abhängig, sondern wird darüber hinaus von seiner Gemeinschaft dirigiert und außerdem noch von Imponderabilien gesteuert: „Bei Euch war doch auch einmal solch schrecklicher Sexualmörder." Diese Imponderabilien sind in ihrer Art, in ihrer Intensität und in ihrer provozierenden Bedeutung für etwaiges erneutes Fehlverhalten einfach nicht berechenbar. So bleibt der Mensch in seiner Gesamtheit ein offenes Wesen.

Trotz dieser Unberechenbarkeit des menschlichen Wesens oder gerade deswegen, weil der Mensch in seinem Verhalten und in seinen Handlungen, in seiner Reizaufnahme, Reizverarbeitung und Reizableitung unberechenbar ist, scheint es gerade für die kriminologische Forschung eine notwendige Aufgabe zu sein, den Bereich möglicher Verhaltensweisen abzugrenzen. Dies kann jedoch nie durch eine Aufzählung oder gar durch eine Summierung äußerer Merkmale geschehen, sondern bedarf eines eingehenden Studiums der betreffenden Persönlichkeit. Als Methoden bieten sich tiefenpsychologische Untersuchungen und projektive Testverfahren an, um nach *Suttinger* eine Strukturanalyse durchzuführen, aus der „die kriminogene Struktur" herausgearbeitet werden kann.[41] Werden alle Bemühungen darauf ausgerichtet, solche Strukturen herauszuarbeiten, dann dürfte die Frage nicht lauten, ob der Träger solcher Strukturen rückfällig wird, sondern die Frage muß heißen, was muß unternommen werden, um einen Rückfall zu verhindern. Daher will *Nass* die Frage nach der Rückfallswahrscheinlichkeit erst gar nicht aufkommen lassen. „Sie ist kriminologisch nämlich gar nicht interessant und für uns schon überholt; denn wir kennen ja die Täterstruktur und die kriminalpädagogischen Methoden. Versagen die Methoden, dann können wir den Rückfall nicht verhindern."[42] Bisher kann von einem Versagen solcher Methoden nicht gesprochen werden, weil sie noch keine konsequente Anwendung fanden. Solange Rentabilitätsdenken und formal-juristische Prinzipien oberste Maxime im Strafvollzug sind und eine Umstrukturierung des Strafvollzugs nicht gewollt wird, kann ein methodisch psychologisches und pädagogisches Arbeiten nicht möglich sein, so daß auch in Zukunft auf äußere Merkmale zurückgegriffen werden wird.

Verantwortungsvolle Psychiater und Psychologen sind sich bewußt, daß auch ihren Untersuchungsmethoden durch das Objekt der Untersuchungen Grenzen gesetzt sind. Daher können auch sie der Gesellschaft keine vollkommenen Sicherheiten bieten, um bei Rückfällern zukünftige Straftaten — von Vermögensdelikten bis zu Ge-

[41] *Suttinger, G.:* a. a. O., S. 321.

[42] *Nass, G.:* Der Mensch und die Kriminalität. Band III, Köln — Berlin 1959, S. 219.

walttaten — zu verhindern. Aber auch die Gesellschaft muß sich bewußt sein, daß es nicht Sinn des Lebens sein kann, gefahrlos zu leben.

Dennoch kann es eine vornehme Aufgabe der Kriminologie sein, durch sorgfältige Diagnosen und Prognosen die ständigen Gefahren möglichst niedrig zu halten. Prognoseforschung darf dabei jedoch nie zu einer Prestigefrage werden — wie es zur Zeit der Fall zu sein scheint —, sondern sie muß alle Möglichkeiten ausschöpfen, um dem Straftäter auch als Mensch gerecht zu werden.

Die statistischen Prognosen haben in ihrer Art sicherlich ein Optimum an Leistungsfähigkeit erreicht. Sie sind jedoch für einen modernen Erziehungsvollzug — falls dieser ernsthaft gewollt wird — ohne andere Untersuchungsbefunde unbrauchbar. Sie müssen ergänzt werden durch tiefenpsychologische Diagnostik und sorgfältige Untersuchung des zukünftigen sozialen Umfeldes. Diese einzelnen Befunde der Lebenslaufanalyse, der tiefenpsychologischen Diagnostik mit ihren projektiven Methoden und der soziologischen Untersuchung miteinander abgewogen, grenzen einmal den Bereich möglicher Verhaltensweisen ab und zeigen zum andern die erforderlichen kriminalpädagogischen Methoden auf. Schließlich ermöglicht ein solches Vorgehen verantwortliche Entscheidungen, die dem Straftäter als Individualität gerecht wird und damit auch die menschliche Gesellschaft vor verhütbaren Gefahren schützt.

Untersuchungen zum Problem der Wirksamkeit von Erziehungsmethoden des Jugendstrafvollzuges[43]

von Dipl. Psych. *Günter Neulandt*

In dem § 91 Abs. 1 des Jugendgerichtsgesetzes vom 4. 8. 1953 wird dem Jugendstrafvollzug folgende Aufgabe gestellt:

> „Durch den Vollzug der Jugendstrafe soll der Verurteilte dazu erzogen werden, künftig einen rechtschaffenen und verantwortungsbewußten Lebenswandel zu führen."

Ganz allgemein wird diese Aufgabe heute als „Resozialisierung" bezeichnet. Eine so formulierte Zielsetzung muß von der Erkenntnis ausgehen, daß kriminelles Verhalten ein Symptom eines gestörten Sozialisierungsprozesses ist. In der Institution Jugendstrafanstalt werden Erziehungs- und Behandlungsmethoden angewandt, von denen man sich verspricht, daß sie das von den gesellschaftlichen Normen abweichende Verhalten des jungen Rechtsbrechers korrigieren und zu seiner Wiedereingliederung in die Gesellschaft führen.

Seitdem in fast allen Jugendstrafanstalten der Bundesrepublik Psychologen tätig sind, erscheinen die dort praktizierten Methoden der Erziehung, mit denen man diese Zielsetzung verwirklichen will, immer mehr — auch der Öffentlichkeit gegenüber — als an den Erkenntnissen wissenschaftlicher Forschung orientiert. Wie unbegründet eine solche Einschätzung ist, hat *Suttinger* besonders nachdrücklich und kritisch in seinen Arbeiten dargelegt.[44]

Auch heute neigt man aus den verschiedensten historischen, weltanschaulichen, besonders auch rechtsphilosophischen und persönlichen Gründen dazu, einfach vorauszubestimmen, welcher Art die Wirkungen der in den Jugendstrafanstalten angewandten Erziehungsmethoden

[43] Zusammengefaßter und ergänzter Text der auf den Kongressen des Berufsverbandes Deutscher Psychologen 1963 in Berlin und 1965 in Marburg gehaltenen Referate.

[44] Günter *Suttinger:* Das Gefängnis als Abschreckungs-, Erziehungs- und Verwahrungsanstalt, Juristenzeitung, 7. Jahrgang, 1952, Seite 737. — Persönlichkeit und Strafvollzug, Monatsschrift für Kriminologie und Strafrechtsreform, 43. Jahrgang, 1960, Seite 1—19 und 76—92.

sein sollen, nicht aber zu untersuchen, wie diese tatsächlich auf den jungen Rechtsbrecher wirken und ob sie der im § 91 Abs. 1 JGG bestimmten Aufgabe des Jugendstrafvollzugs wirklich entsprechen. Bisher sind die Bemühungen sehr gering, den Zusammenhang zwischen den Ursachen und der Straffälligkeit, der Erziehung in der Jugendstrafanstalt und dem Resozialisierungserfolg und damit die Hypothesen zu überprüfen, die den Erziehungsmethoden des Jugendstrafvollzuges zugrunde liegen.

In Absatz 2 des § 91 JGG wird auch ausgeführt, wie der Jugendstrafvollzug gestaltet werden soll:

> „Ordnung, Arbeit, Unterricht, Leibesübungen und sinnvolle Beschäftigung in der freien Zeit sind die Grundlagen dieser Erziehung. Die beruflichen Leistungen des Verurteilten sind zu fördern, Lehrwerkstätten sind einzurichten, die seelsorgerische Betreuung wird gewährleistet.“

Es erscheint zweifelhaft, ob die gesetzlich so formulierten und ob die in den Jugendstrafanstalten angewandten Methoden der Erziehung dem Erziehungsbedürfnis vieler jugendlicher Rechtsbrecher entsprechen. Solche Zweifel lassen sich nicht nur aus der teilnehmenden Beobachtung des Anstaltslebens, sondern auch aus Erkenntnissen psychologischer und soziologischer Arbeiten (z. B. *Adorno, Lewin, Mieskes, Thomae, Suttinger*) begründen.[45]

Man sucht heute in den Jugendstrafanstalten dem Erziehungsbedürfnis jugendlicher Rechtsbrecher vor allem dadurch zu entsprechen, daß man diese anhält, sich gut zu führen, sich „hausordnungsgemäß“ zu verhalten, physisch sauber zu sein, eine gute „Kleider- und Zellenordnung“ einzuhalten, fleißig zu arbeiten, sich schulisch und beruflich fortzubilden, Sport zu treiben und sich in der Freizeit „sinnvoll“ zu betätigen. Wenn nach Ablauf der Mindeststrafzeit bei unbestimmter Strafdauer (§ 88 JGG) oder bei dem Vorliegen eines Gesuches um Strafaussetzung (§ 89 JGG) zu der Frage Stellung genommen werden muß, „ob die Umstände erwarten lassen“, daß der betreffende Jugendliche „künftig einen rechtschaffenen Lebenswandel führt“, wird dieser Bewertungsmaßstab besonders sichtbar, und er ist, wie zum Beispiel auch eine Analyse solcher Stellungnahmen erkennen ließ, nachzuweisen.

---

[45] Adorno, Th. W.: The autoritarian Personality (New York, 1950). — *Mieskes, H.:* Der Jugendliche in der Situation der Straffälligkeit (Jena, 1956), S. 414 u. 474 ff. — *Lewin*, K.: Die Lösung sozialer Konflikte (Bad Nauheim, 1953), S. 92. Die psychologische Situation bei Lohn und Strafe (Leipzig, 1931). — *Thomae*, H.: Über Daseinstechniken sozial auffälliger Jugendlicher, Psychologische Forschung, Band 24, Heft 1 (1952). — *Suttinger*, G.: Siehe oben.

Die „gute Führung" und die gute Arbeitsleistung[46] gelten als besonders wichtige Anzeichen der positiven Entwicklung eines Gefangenen. Bereits am Ende des 16. und zu Beginn des 17. Jahrhunderts stellen die von calvinistischem Gedankengut geprägten Hausordnungen und Dienstanweisungen der Zuchthäuser Amsterdam und Bremen das Anhalten zur Ordnung, zur Arbeit und die religiöse Unterweisung sowie den dafür erforderlichen Unterricht als Haupterziehungsmethoden heraus.[47]

Die Untersuchung ging in ihrem ersten Abschnitt von der folgenden Hypothese aus:

Die zwischen dem Resozialisierungserfolg und

a) guter Führung („Ordnung"),
b) guter und fleißiger Arbeitsleistung („Arbeit"),
c) aktiver sportlicher Betätigung („Leibesübungen") und
d) positiver Freizeitgestaltung während der Strafzeit („sinnvolle Beschäftigung in der freien Zeit")

angenommene positive Korrelation besteht nicht, das heißt, diese Merkmale sind bei Rückfälligen und Nichtrückfälligen so verteilt, daß sie sich nicht zur Unterscheidung beider Gruppen und damit als allgemeine Kriterien für einen Erziehungserfolg und eine Prognosestellung eignen.

Es wurden die 1000 Jugendlichen erfaßt, die von Januar 1957 bis März 1960 aus der Jugendstrafanstalt Rockenberg entlassen worden sind.[48] Die vorliegenden Unterlagen eignen sich für eine wissenschaftliche Auswertung vor allem aus folgenden Gründen gut:

---

[46] Die Auffassung mancher Stellen, die Rentabilität des Jugendstrafvollzugs sei an dem durch die Gefangenen während der Strafzeit geleisteten Arbeitsertrag zu messen, begünstigt eine solche Einschätzung.

[47] Ordnung und Gebräuche des Zuchthauses zu Amsterdam (1596) und Hausordnung des Zuchthauses Bremen vom 26. 1. 1609 in: Zeitschriften der Thüring'schen Gefängnisgesellschaft, Heft II (Jena, 1932). — In dem Reglement für die Strafanstalt zu Rawicz (1835) wird u. a. ausgeführt: „Das sicherste Mittel, auf das Innere des Sträflings einzuwirken, wird zunächst in einer angemessenen ununterbrochenen Beschäftigung derselben liegen. Die Arbeit bis zur Ermüdung soll dazu dienen, den Geist und den Körper zu stärken und das Individuum gewandt zu machen, damit der im Menschen ruhende Sinn für eigene Ernährung in ihm geweckt werde."

[48] Die Untersuchung, für die das Hessische Justizministerium in Wiesbaden eine Hilfskraft zur Verfügung gestellt hat, wird in Zusammenarbeit mit Ministerialrat Professor Dr. A. Krebs (Wiesbaden) und Oberregierungsrat Dr. A. Böhm (Rockenberg) durchgeführt. Frau Bansa und Frau Heß ist besonders dafür zu danken, daß sie die Erhebungen mit größter Sorgfalt durchführten.

1. Die Jugendstrafanstalt Rockenberg war damals die einzige hessische Jugendstrafanstalt, in die jeder von einem hessischen Gericht zu Jugendstrafe verurteilte Jugendliche des Landes eingewiesen wurde.
2. In dem erfaßten Zeitraum blieben die pädagogischen Einflüsse während der Strafzeit vor allem dadurch konstant, daß sich an der personellen Zusammensetzung in der Jugendstrafanstalt nichts Wesentliches änderte.
3. 524 (52,4 %) Rückfälligen stehen 476 (47,6 %) Nichtrückfällige gegenüber, so daß sich zwei fast gleich große, unter gleichen Bedingungen entstandene, nur durch das Merkmal Rückfall und Nichtrückfall unterschiedene Gruppen ergeben.

Rückfall und Nichtrückfall wurden durch Strafregisterauszüge festgestellt, die frühestens nach $3^1/_2$, spätestens $5^1/_2$ Jahren nach der Entlassung angefordert worden sind. Nur wenige der erfaßten Entlassenen befanden sich zum Zeitpunkt dieser Rückfallkontrolle noch nicht ganz 4 Jahre in Freiheit.

Tabelle I

Von den 524 Rückfälligen der Entlassungsjahrgänge 1957, 1958, 1959 und 1960 wurden erstmalig nach der Entlassung erneut verurteilt:

Im 1. Jahr	2. Jahr	3. Jahr	4. Jahr	5. Jahr	6. Jahr
209	152	91	52	8	12

Wie sich aus Tabelle I ersehen läßt, wurden nur 20 der 524 Rückfälligen (3,8 %) im 5. und 6. Jahr nach der Entlassung erneut straffällig.

In der folgenden Tabelle II sind die 10 Rückfallgruppen angegeben, in die die Jugendlichen je nach der Höhe der neuen Strafzeit eingeteilt worden sind.

Tabelle II

Rückfallgruppen

0	Keine neue Eintragung im Strafregister
I	Geldstrafen — 14 Tage Haft
II	2 Wochen — einschließlich 2 Monate Freiheitsstrafe
III	Über 2 Monate — 12 Monate Freiheitsstrafe
IV	1 Jahr — 2 Jahre Freiheitsstrafe
V	2 Jahre — 3 Jahre Freiheitsstrafe
VI	3 Jahre — 5 Jahre Freiheitsstrafe
VII	Über 5 Jahre Freiheitsstrafe
VIII	Unbestimmte Jugendstrafe
IX	Bewährung widerrufen, keine neue Tat
X	Keine neue Bestrafung, der Entlassene wird aber wegen des Verdachtes neuer Straftaten von der Staatsanwaltschaft gesucht.

Den Rückfallgruppen I und II wurden danach Jugendliche zugeordnet, die nur mit Geldstrafen, Haftstrafen und Gefängnisstrafen bis zu 2 Monaten erneut bestraft worden sind. Da es sich dabei vor allem um gerichtliche Reaktionen auf Verkehrsdelikte — häufig Fahren ohne Führerschein — handelt, erschien es uns angezeigt, diese zu den Nichtrückfälligen zu zählen. Auch die Jugendlichen, deren Strafaussetzung zur Bewährung nicht wegen begangener neuer Straftaten, sondern nur wegen Verstoßes gegen die Bewährungsauflagen widerrufen worden war, und die in dem übrigen überprüften Zeitraum nicht erneut straffällig geworden sind, wurden zu der Gruppe der Nichtrückfälligen gerechnet. Als rückfällig gilt in unserer Untersuchung also ein aus der Jugendstrafanstalt entlassener Jugendlicher dann, wenn er in dem kontrollierten Zeitraum erneut Straftaten begangen hat, für die er mit Freiheitsstrafe von mehr als 2 Monaten Dauer bestraft wurde. Außerdem wurden auch die 7 Probanden als „rückfällig" eingestuft, die zwar nicht erneut verurteilt wurden, aber von der Staatsanwaltschaft wegen des Verdachtes neuer Straftaten gesucht werden.

Tabelle III

Verteilung der Rückfälligen auf Rückfallgruppen

Rückfallgruppe:

0	I	II	IX			
276	105	74	21			
nicht rückfällig: 476 (47,6 %)						
III	IV	V	VI	VII	VIII	X
138	168	93	81	8	29	7
rückfällig: 524 (52,4 %)						

In Tabelle III ist angegeben, wie sich die erfaßten Strafentlassenen auf die einzelnen Rückfallgruppen verteilen, wenn man die jeweils höchste Gruppe einsetzt. 306 der 524 Rückfälligen (58,3 %) entfallen danach auf die Rückfallsgruppen III und IV.

Tabelle IV

Verbüßte Strafzeit in der Jugendstrafanstalt:

	bis 1 Jahr einschl.	bis 2 Jahre einschl.	bis 3 Jahre einschl.	bis 4 Jahre einschl.	über 4 Jahre
R (524) (+ 48)	290 (+ 36)	211 (+ 21)	23 (— 2)	— (— 6)	— (— 1)
N (476)	254	190	25	6	1

Tabelle IV zeigt, welche Strafzeiten die Rückfälligen und Nichtrückfälligen in der Jugendstrafanstalt verbracht haben. Bei der Beurteilung dieser Übersicht ist die etwas höhere Zahl der Rückfälligen (524) gegenüber der der Nichtrückfälligen (476) zu berücksichtigen. Rückfällige und Nichtrückfällige haben dementsprechend etwa gleiche Strafzeiten verbüßt. Von den 7 Jugendlichen mit den höchsten Strafzeiten ist keiner rückfällig geworden.

Zunächst ist die — auch mit dem Begriff der „Ordnung" verbundene — Annahme des Jugendstrafvollzugs zu prüfen, daß „gute Führung", das heißt das möglichst reibungslose Einfügen in die Hausordnung Kennzeichen einer positiven Entwicklung sei, dagegen „schlechte Führung", hausordnungswidriges Verhalten, das mit Hausstrafen geahndet wird und sich in schlechten Führungsnoten widerspiegelt, auf eine negative, zum Rückfall führende Entwicklung schließen lasse.

Tabelle V a

1957; 1958; 1959 und 1960 = 1000

	Hausstrafen nein	Hausstrafen ja	
ja R	276 = 53,1 %	246 = 46,9 %	= 524 100 %
nein	289 = 60,7 %	187 = 39,3 %	= 476 100 %
	567	433	1000

Tabelle V b

1957; 1958; 1959 = 938

	Hausstrafen nein	Hausstrafen ja	
ja R	266 = 54,7 %	220 = 45,3 %	= 486 100 %
nein	280 = 61,9 %	172 = 38,1 %	= 452 100 %
	546	392	938

($X^2 = 4{,}72$; FG = 1 $.l2 > p < .05$)

In Tabelle V a sind in einer Vier-Felder-Tafel die Zahlen enthalten, die sich ergeben, wenn man für die untersuchten 1000 Jugendlichen alle disziplinarischen Verfehlungen erfaßt, die dazu führten, daß gegen sie Hausstrafen verhängt worden sind und diese zu Rückfall und Nichtrückfall in Beziehung setzte. Die angegebenen Prozentzahlen beziehen sich jeweils auf die Anzahl der rückfällig gewordenen Jugendlichen.

Tabelle V b gibt die in einem früheren Untersuchungsabschnitt gewonnenen, auf 938 Strafentlassene bezogenen Zahlen wieder, für die damals bei der Prüfung mit dem Chi-Quadrat-Test ein geringer signifikanter Unterschied von nur 7 bis 10 % errechnet worden war. Besonders bemerkenswert ist für unsere Fragestellung, daß 278 (53 %),

[49] Die statistische Prüfung dieser Tabellen (V b und VI b) erfolgte durch Herrn Professor Dr. Süllwold, Frankfurt/Main.

also über die Hälfte der rückfällig gewordenen Jugendlichen während der Strafzeit keine einzige Hausstrafe erhielten.

Tabelle VI a

1957; 1958; 1959 und 1960 = 1000

	Hausstrafen-Minuspunktzahl nein	1—4	5—8	9 und mehr	
ja R	278 = 53,1 %	107 = 20,3 %	85 = 16,1 %	54 = 10,5 %	= 524 100 %
nein	289 = 60,7 %	110 = 23,1 %	46 = 9,7 %	31 = 6,5 %	= 476 100 %
	567	217	131	85	1000

Tabelle VI b

1957; 1958; 1959 = 938

	Hausstrafen-Minuspunktzahl nein	1—4	5—8	9 und mehr	
ja R	266 = 54,7 %	99 = 20,4 %	77 = 15,8 %	44 = 9,1 %	= 486 100 %
nein	280 = 61,9 %	102 = 22,6 %	44 = 9,7 %	26 = 5,8 %	= 452 100 %
	546	201	121	70	938

($X^2 = 12,78$; FG = 3; $p < .01$)

In Tabelle VI a ist das Ergebnis dargestellt, das sich ergibt, wenn man die Zahl und Schwere der Hausstrafen zu berücksichtigen versucht.

Tabelle VI b enthält die früher erfaßten und auf 938 Entlassene bezogenen Werte.

Für jede Hausstrafe wurden nach der vom Anstaltsleiter empfohlenen Tabelle (VII) Minuspunktzahlen eingesetzt und für jeden der erfaßten 1000 Strafentlassenen eine Gesamtminuspunktzahl errechnet.

Aus Tabelle VI a und VI b ergibt sich der Befund, daß der in den Tabellen festgestellte Unterschied zwischen Rückfälligen und Nichtrückfälligen der signifikanten Richtung bei den größeren Minuspunktzahlen, also den höher bewerteten Hausstrafen, beziehungsweise der größeren Hausstrafenzahl (5—8 sowie mehr als 9 Minuspunkte) auf-

Tabelle VII

Bewertung der Hausstrafen:

Punktzahl:	Art der Hausstrafe:
1	Verwarnung, Kinosperre, Büchersperre.
2	Zellenarbeit, Kostentzug, Hartes Lager, Rauchverbot, Arbeitsauflage, Ausschluß, Einzelhaft über 1 Wochenende.
3	Geldsperre, Arrest bis 3 Tage.
4	Besuchssperre, Arrest (4—8 Tage), Abstufung, Einzelhaft über längere Zeit.
5	Arrest (9—14 Tage).

tritt. Die Zahl der Jugendlichen mit der Minuspunktzahl 1—4 ist bei den Nichtrückfälligen sogar etwas höher. Bemerkenswert ist in dieser Übersicht auch, daß von den 85 Jugendlichen mit 9 und mehr Minuspunkten 31 nicht rückfällig geworden sind.

Tabelle VIII

Art der zu den Hausstrafen führenden Verfehlungen:

	R		N	
Allgemeine Verstöße gegen die Hausordnung (ungehöriges Benehmen; unbef. Besitz von Geld und Gegenständen; unerl. Tauschgeschäfte; Schmuggel b. Besuch; Pendelei usw.:	(67)	27,2 %	(78)	41,7 %
Diebstahl:	(60)	24,4 %	(30)	61,1 %
Entweichungen und Entweichungsversuche:	(58)	23,6 %	(24)	12,1 %
Unterschlagung, Betrug:	(6)	2,4 %	(9)	4,8 %
Unsittliche Handlungen:	(11)	4,1 %	(1)	0,5 %
Körperverletzung, Schlägerei:	(25)	10,2 %	(26)	13,9 %
Sachbeschädigung:	(19)	7,7 %	(19)	10,1 %

Tabelle VIII enthält eine Übersicht, aus der zu entnehmen ist, welche Verstöße gegen die Hausordnung zu den in den Tabellen V und VI enthaltenen Hausstrafen führten. In Klammern gesetzt sind die absoluten Zahlen angegeben. Die Prozentzahlen beziehen sich jeweils auf die Gruppe der Rückfälligen bzw. die der Nichtrückfälligen. Es überwiegen danach bei den Nichtrückfälligen allgemeine Verstöße gegen die Hausordnung. Obwohl die Zahl der erfaßten Rückfälligen (524) größer ist, finden wir dort weniger solche Verstöße, nur 67 im Vergleich zu 78 (476) Nichtrückfälligen. Rückfällige erhielten erheblich häufiger wegen Diebstahls, Entweichungen und Entweichungsversuchen Hausstrafen als Nichtrückfällige. Die übrigen Zahlenwerte sind zu niedrig, um daraus Schlüsse ziehen zu können.

In der Jugendstrafanstalt kann die sogenannte „gute Führung“ nicht nur an den Hausstrafen, sondern auch an den Führungsnoten im Arbeitsbetrieb gemessen werden. Aus dem im Folgenden über das Arbeitsverhalten und dessen Korrelation mit Rückfall und Nichtrückfall mitgeteilten Ergebnissen lassen sich also auch Schlüsse auf diesen Teil der Hypothese ziehen. — Monatlich muß in unserer Anstalt jeder Werkstattleiter für jeden bei ihm beschäftigten Jugendlichen Führung, Leistung und Fleiß in je einer Note bewerten. In Tabelle IX ist die Notenaufteilung für die untersuchten Jugendlichen dargestellt, die sich ergibt, wenn man für jeden der 1000 Jugendlichen alle während der Strafzeit erhaltenen Noten erfaßt, davon die Durchschnittsnoten errechnet, die dieser in jeder der drei Notengruppen erhielt und die dabei gewonnene Notenaufteilung mit Rückfall und Nichtrückfall in Beziehung setzt. Gesondert aufgeführt sind in dieser Tabelle die

Tabelle IX

Leistung, Fleiß, Führung

Signifikanzprüfung durch Dr. *W. Janke* (Gießen):

1. Mittelwertunterschiede:

Es wurden Zwischenstufen der Noten mit . . . ,5 bezeichnet (1; 1,5; 2; 2,5 usw.)

Methode: t-Test

a) *Leistung:*
$\bar{X}_R = 2{,}84$, $s^2_R = 0{,}728$, $N_R = 505$; $\bar{X}_{NR} = 2{,}69$, $s^2_{NR} = 0{,}732$, $N_{NR} = 468$, $t = 2{,}78$ ($P < 1\,\%$, d. h. hochsignifikant bei einer Irrtumswahrscheinlichkeit von weniger als 1 %).

b) *Fleiß:*
$\bar{X}_R = 2{,}83$, $s^2_R = 0{,}744$, $N_R = 505$; $\bar{X}_{NR} = 2{,}68$, $s^2_{NR} = 0{,}696$, $N_{NR} = 468$, $t = 2{,}72$ ($P < 1\,\%$).

c) *Führung:*
$\bar{X}_R = 2{,}80$, $s^2_R = 0{,}695$, $N_R = 510$; $\bar{X}_{NR} = 2{,}60$, $s^2_{NR} = 0{,}608$, $N_{NR} = 470$, $t = 3{,}80$ ($P < 1\,‰$).

2. Korrelation zwischen Noten und Kriterium Rückfall (1)/Nichtrückfall (0)

Methode: Punktbiseriale Korrelation

a) *Leistung:*
$r_{pb} = 0{,}089$ ($N = 973$)
($P < 1\,\%$)

b) *Fleiß:*
$r_{pb} = 0{,}087$ ($N = 972$)
($P < 1\,\%$)

c) *Führung:*
$r_{pb} = 0{,}120$ ($N = 979$)
($P > 1\,‰$)

Noten	Rückfall			Nichtrückfall		
	1	2	3	1	2	3
	63,0	17	3,3	37,0	10	2,1
1—2	41,7	43	8,3	58,2	60	12,4
2	40,2	45	8,7	59,8	67	13,9
2—3	48,3	155	29,9	51,7	166	34,4
3	58,0	100	19,4	41,9	72	15,0
3—4	60,7	96	18,6	39,3	62	12,9
4	62,0	31	6,0	38,0	19	3,9
4—5	61,6	16	3,1	38,4	10	2,1
5	57,1	4	0,8	42,8	3	0,6
5—6	75,0	3	0,6	25,0	1	0,2
6	0,0	—	0,0	0,0	—	0,0
1—4	80,0	4	0,8	20,0	1	0,2
1—5	0,0	—	0,0	100,0	6	1,2
2—5	66,7	2	0,4	33,3	1	0,2
2—6	33,3	2	0,4	66,7	4	0,8

Jugendlichen, bei denen starke Schwankungen in den erhaltenen Noten ein solches Bilden von Durchschnittsnoten als unzweckmäßig erscheinen ließ. Die etwas veränderte Zahl von 518 (statt 524) Rückfälligen und 482 (statt 476) Nichtrückfälligen ist darauf zurückzuführen, daß für einige Jugendliche die Arbeitsnoten nicht vollständig festgehalten waren und diese durch die in der Entlassungsliste folgenden ergänzt werden mußten.

In Tabelle IX wird links von den absoluten Zahlen angegeben, wieviel Prozent der Träger der jeweiligen Note rückfällig bzw. nichtrückfällig geworden sind. In der Spalte rechts daneben sind die Prozentzahlen der Rückfälligen bzw. Nichtrückfälligen enthalten, die eine bestimmte Note enthielten. Um die dabei gewonnenen Ergebnisse besser veranschaulichen zu können, wurden sie in Tabelle X graphisch dargestellt. Die bei den Rückfälligen gewonnenen Prozentzahlen sind jeweils mit der ausgezogenen, die bei den Nichtrückfälligen mit der gestrichelten Linie dargestellt. Die Kurvenverläufe sprechen für sich und bedürfen keiner besonderen Erläuterung. Dr. Janke[50] hat für die Tabellen IX und X eine Signifikanzprüfung durchgeführt, deren Ergebnis angegeben ist. Er interpretierte dieses Ergebnis wie folgt:

„Rückfällige haben signifikant schlechtere Noten in Leistung, Fleiß, Führung. Die Beziehungen zwischen Noten und Rückfälligkeit bzw. Nichtrückfälligkeit sind jedoch so schwach, daß ihnen eine prognostische Bedeutung so gut wie nicht zukommt." — Wenn auch gerade die relativ geringe Zahl der Noten in den oberen und unteren

[50] Oberassistent am Psychologischen Institut der Universität Gießen.

Bereichen eine vorsichtige Interpretation verlangt, so ist es doch bemerkenswert, daß von 27 Jugendlichen mit der Führungsnote 1 17 rückfällig geworden sind.

Unsere Untersuchungen gingen von der in Praxis und Theorie des Jugendstrafvollzugs nicht nur sehr verbreiteten, sondern auch tief verwurzelten Annahme aus, das Erziehungsziel sei erreicht, wenn es gelungen ist, einen jungen Straffälligen während der Strafzeit dazu anzuhalten, daß er sich gut führt, also ohne Schwierigkeiten der Hausordnung unterordnet, den Körper, die Kleider und die Zelle gut sauber hält, fleißig und gut arbeitet, möglichst eine Berufsausbildung fortführt oder abschließt und sich in der Freizeit sinnvoll betätigt. Der Untersuchung liegt die Hypothese zugrunde, daß die zwischen dem Resozialisierungserfolg und guter Führung, guter und fleißiger Arbeitsleistung, aktiver Beteiligung am Sport und positiver Freizeitgestaltung während der Strafzeit von der Jugendstrafanstalt und der ihr bestimmenden Gesetzgebung angenommene positive Korrelation nicht besteht. Die dargelegten Untersuchungsergebnisse bestätigen diese Hypothese für die untersuchten Merkmale gute Führung und gutes Arbeitsverhalten. Sie zeigen, daß sich diese zwei Merkmale bei den Rückfälligen und den Nichtrückfälligen so verteilen, daß sie sich nicht

Tabelle X

Noten	Rückfall			Nichtrückfall		
	1	2	3	1	2	3
1	55,6	15	2,9	44,4	12	2,5
1—2	42,3	44	8,5	57,7	60	12,4
2	46,4	52	10,0	53,6	60	12,4
2—3	47,6	129	24,9	52,4	142	29,4
3	59,1	94	18,2	40,9	65	13,5
3—4	55,7	108	20,8	44,3	86	17,8
4	60,6	37	7,2	39,4	24	5,0
4—5	61,8	21	4,1	38,2	13	2,7
5	50,0	3	0,6	50,0	3	0,6
5—6	50,0	2	0,4	50,0	2	0,4
6	0,0	—	0,0	100,0	1	0,2
1—4	60,0	3	0,6	40,0	2	0,4
1—5	33,3	2	0,4	66,7	4	0,8
2—5	50,0	3	0,6	50,0	3	0,6
2—6	50,0	5	1,0	50,0	5	1,0

1 = Wieviel % der Träger der Note x wurden rückfällig bzw. nicht rückfällig?

2 = Absolute Zahlen

3 = Wieviel % der Rückfälligen bzw. Nichtrückfälligen erhielten die Note x?

Tabelle X

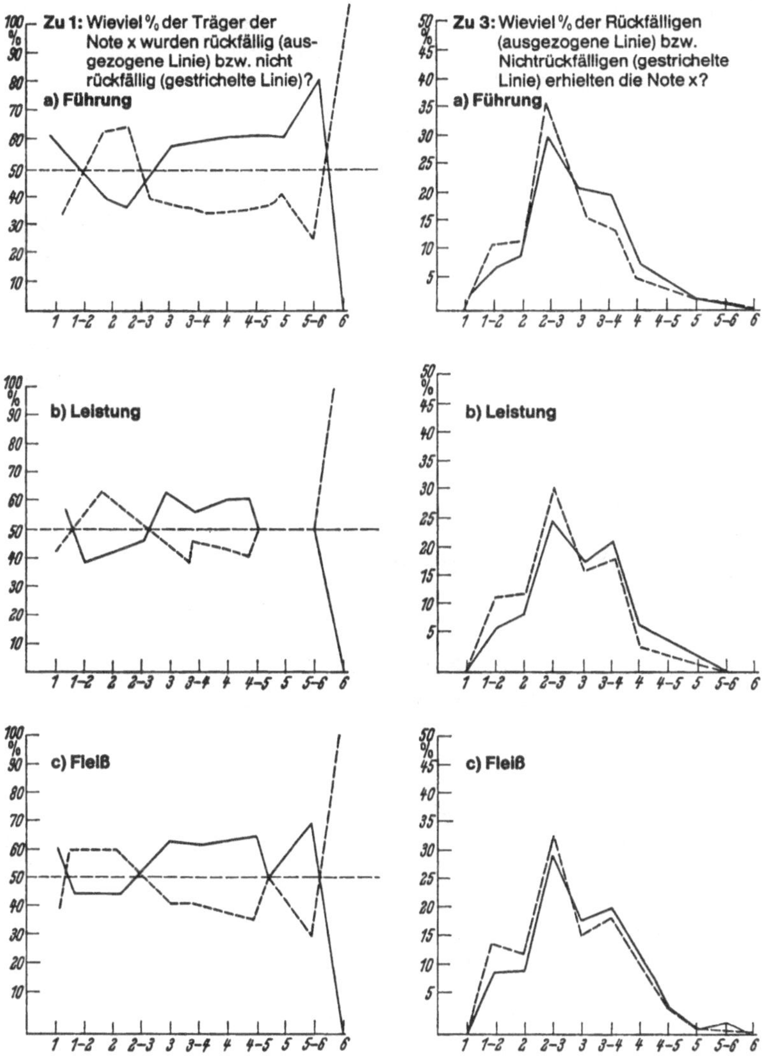
Zu 1: Wieviel % der Träger der Note x wurden rückfällig (ausgezogene Linie) bzw. nicht rückfällig (gestrichelte Linie)?
a) Führung
b) Leistung
c) Fleiß
Zu 3: Wieviel % der Rückfälligen (ausgezogene Linie) bzw. Nichtrückfälligen (gestrichelte Linie) erhielten die Note x?
a) Führung
b) Leistung
c) Fleiß
100 % 90 80 70 60 50 40 30 20 10
50 % 45 40 35 30 25 20 15 10 5
1 1–2 2 2–3 3 3–4 4 4–5 5 5–6 6

zur Unterscheidung dieser beiden Gruppen eignen und deshalb nicht als allgemeine Kriterien für die Beurteilung des Erziehungserfolges dienen können. Es ist anzunehmen, daß sich der gleiche Nachweis für das Merkmal sinnvolle Beschäftigung in der freien Zeit bringen läßt, für dessen systematische Prüfung die in unseren Unterlagen befindlichen Angaben nicht ausreichen.

Tabelle XI

Noten	Rückfall			Nichtrückfall		
	1	2	3	1	2	3
1	58,3	14	2,7	41,7	10	2,1
1—2	44,6	49	9,5	55,4	61	12,6
2	44,5	45	8,7	55,4	56	11,6
2—3	48,9	143	27,6	50,9	149	30,9
3	55,8	88	17,0	44,3	70	14,5
3—4	55,3	102	19,7	44,6	82	17,0
4	61,9	39	7,5	38,1	24	5,0
4—5	64,3	18	3,5	35,7	10	2,1
5	50,0	3	0,6	50,0	3	0,6
5—6	66,7	4	0,8	33,3	2	0,4
6	0,0	—	0,0	100,0	1	0,2
1—4	60,0	3	0,6	40,0	2	0,4
1—5	33,3	2	0,4	66,7	4	0,8
2—5	50,0	3	0,6	50,0	3	0,6
2—6	50,0	5	1,0	50,0	5	1,0

Berufsabschluß und Rückfall:

Von den 1192 Entlassenen der Entlassungsjahrgänge 1957, 1958, 1959 und 1960 haben
116 eine Lehre in der Anstalt beendet. Hiervon wurden
47 (45,5 %) wieder rückfällig und
69 (59,5 %) nicht rückfällig.

In Tabelle XI ist die Beziehung zwischen Berufsabschluß und Rückfall bzw. Nichtrückfall angegeben. Wenn die in dieser Tabelle XI mitgeteilten Zahlen auch klein und deshalb nur von begrenztem Aussagewert sind, so lassen sie doch erkennen, daß Jugendliche, die während der Strafzeit ihre Lehre abgeschlossen haben, seltener rückfällig geworden sind. Ein ähnliches Ergebnis ist meines Erachtens zu erwarten, wenn man die erfolgreiche Beteiligung am Unterricht während der Strafzeit zum Resozialisierungserfolg in Beziehung setzt. Der Unterricht ist nach unseren Untersuchungsergebnissen für zahlreiche Jugendliche, deren Straffälligkeit in engem Zusammenhang mit dem Schulversagen zu sehen ist, eine außerordentlich wichtige Hilfe. Die hierzu vorliegenden Unterlagen sollen noch ausgewertet und in die weitere Untersuchung einbezogen werden.

Aus den Ergebnissen der Untersuchung ist zunächst erneut die Forderung abzuleiten, die Wirksamkeit der im Jugendstrafvollzug angewandten Erziehungsmethoden und die damit verbundenen Bewertungsmaßstäbe systematisch und auf breiter Basis wissenschaftlich zu überprüfen und diese dadurch von solchen ungesicherten Annahmen zu befreien. Wenn man nicht nur in den Jugendstrafanstalten, sondern auch in den gesetzlichen Richtlinien unzutreffend verallgemeinert, daß gute Führung und gutes Arbeitsverhalten neben Unterricht, Leibesübungen und sinnvoller Beschäftigung in der freien Zeit die Grundlagen der Erziehung im Jugendstrafvollzug sind, ohne die damit verbundenen Hypothesen zu prüfen, besteht die Gefahr, daß die daran orientierten Methoden der Erziehung und die entsprechenden Bewertungsmaßstäbe dem jugendlichen Straffälligen mehr schaden als nützen. Nachdem nunmehr ein Jahrzehnt nach dem Jugendgerichtsgesetz Recht gesprochen und Jugendstrafe vollzogen wird, muß diese Forderung besonders nachdrücklich erhoben werden, vor allem auch, weil für die noch durch das Bundesjustizministerium zu schaffende Jugendstrafvollzugsordnung eine wissenschaftliche Grundlage erarbeitet werden muß.[51] Es ist meines Erachtens sehr bedauerlich, daß zur Zeit im Rahmen der großen Strafrechtsreform schon Änderungen und Ergänzungen des Jugendgerichtsgesetzes — zum Beispiel die Einführung einer vorbeugenden Verwahrung für Jungtäter — vorbereitet

[51] Wie wichtig es dabei ist, sich auf einen längeren Beobachtungszeitraum und auf eine große Zahl zu stützen, lassen u. a. auch folgende Untersuchungsergebnisse erkennen: Hätte man sich damit begnügt, nur eine zweijährige Bewährungszeit zu überprüfen, so wären nur 69 % der 524 Rückfälligen als rückfällig erfaßt worden. 31 % dieser Strafentlassenen wurden erst nach dem 2. Jahr rückfällig (vgl. Tab. I). — Wäre die Untersuchung nur für die 373 im Jahre 1957 oder die 256 im Jahre 1959 Entlassenen durchgeführt worden, hätte sie sich auf folgende unterschiedliche Ergebnisse stützen müssen:

1957 = 373
Hausstrafen

	nein	ja	
ja R	122 = 58,7 %	86 = 41,3 %	= 208 100 %
nein	113 = 68,5 %	52 = 31,5 %	= 165 100 %
	235	138	373

1959 = 256
Hausstrafen

	nein	ja	
ja R	66 = 50,8 %	64 = 49,2 %	= 130 100 %
nein	65 = 51,6 %	61 = 48,4 %	= 126 100 %
	131	125	256

werden, für die ebenfalls die entsprechenden wissenschaftlichen Grundlagen fehlen. — Die noch zu leistende Forschungsarbeit wird nicht ohne finanziellen Aufwand möglich sein, der aber in keinem Verhältnis zu dem stehen wird, was für notwendige Neubauten ausgegeben wird. Auch ist eine Koordinierung auf Bundesebene erforderlich, so daß wirklich repräsentative Ergebnisse erreicht werden können. Würde die Frage, wie die Erziehungsmethoden des Jugendstrafvollzugs wirksamer gestaltet werden können, auch in Zukunft nicht systematisch erforscht, so würde das bedeuten, daß sich das Mißverhältnis vergrößert zwischen dem, was wir als ursächlich für kriminelles Verhalten erkennen und dem, was wir erziehend und behandelnd tun können. Die Wissenschaft muß nicht nur dem Gesetzgeber, sondern auch den verantwortlichen Vollzugs- und Aufsichtsbehörden sowie den in den Jugendstrafanstalten tätigen Erziehern und Beamten helfen, vorurteilsvolle Bewertungsmaßstäbe und ungesicherte Hypothesen zu überwinden. Besonders nachteilig wirkt es sich aus, wenn solche ungültigen und in vielen Fällen falschen Bewertungsmaßstäbe Beurteilungen und Prognosestellungen zugrunde gelegt werden. Dadurch werden oft irgendwelche äußeren Schwierigkeiten überbewertet und andererseits die hinter äußerer Anpassung verborgene kriminogene Struktur im Sinne Suttingers[52] übersehen und oft schon der Wechsel zwischen verschiedenen Formen ausweichender Daseinstechniken als „positive Entwicklung“ bewertet. Die Überbewertung äußerer Anpassungsschwierigkeiten führt nicht selten dazu, daß damit verbundene negative Klassifizierungen verinnerlicht werden und sich dann ein zukünftiges Verhalten an einer solchen Selbstauffassung orientiert und kriminelle Reaktionen verfestigt werden, wo man sie zu bekämpfen glaubt. Die falsche Bewertung des während der Strafzeit angepaßten Verhaltens führt nicht selten zur Resignation, weil sowohl die Strafvollzugsbediensteten als auch die betreffenden Straffälligen selbst nicht verstehen, warum die gute Führung und das gute Arbeitsverhalten in der Anstalt sich nach der Entlassung in der Freiheit nicht fortsetzen.

Die Annahme, daß „kontinuierlich schlechtes Anstaltsverhalten“ allgemein ein wichtiger Rückfallsfaktor und ein negatives Prognosemerkmal ist, findet man auch in einigen Prognosemethoden. So hat zum Beispiel *Meyer*[53] dieses Merkmal („5 und mehr Hausstrafen im

---

[52] *Suttinger:* In Schriftenreihe der Deutschen Vereinigung für Jugendgerichte und Jugendgerichtshilfen, Heft 5: „Zur Persönlichkeitsstruktur der kriminell stark gefährdeten Minderjährigen“ (Hamburg 1963). Ferner in: Bewährungshilfe, Jahrgang 12, Januar 1965, Nr. 1, S. 3—23: „Ursachen und Funktionen des Verbrechens“.

[53] Fritz *Meyer:* Rückfallsprognose bei unbestimmt verurteilten Jugendlichen (Bonn, 1956).

Jugendgefängnis") in sein Prognoseschema aufgenommen, nachdem er bei seiner Untersuchung an 172 aus unbestimmter Strafe entlassenen Jugendlichen nach Ablauf von deren Bewährungszeit festgestellt hat, daß von 16 der Jugendlichen, die mehr als 5 Hausstrafen erhalten hatten, 12 (75 %) rückfällig geworden sind.

Tabelle XII

Zahl der Hausstrafen:

a) Von den untersuchten 1000 Entlassenen erhielten 433 Jugendliche Hausstrafen, die sich wie folgt verteilen:

Hausstrafen	1	2	3	4	5	6	7	8	9 und mehr	
Rückfall	128	61	30	15	4	3	4	0	1	= 246
Nichtrückfall	118	35	19	7	2	2	0	1	3	= 187
Insgesamt:	246	96	49	22	6	5	4	1	4	= 433

b) Zahl der Hausstrafen bei Jugendlichen der Entlassungsjahrgänge 1957, 1958, 1959 und 1960, die mit einer unbestimmten Jugendstrafe eingesessen haben (ohne Bestrafungen wegen Entweichungen und Entweichungsversuchen):

Hausstrafen	1	2	3	4	5	6	7	8	9 und mehr	
Rückfall	60	25	12	13	2	4	0	0	1	= 117
Nichtrückfall	58	19	5	6	0	1	2	0	1	= 92
Insgesamt:	118	44	17	19	2	5	2	0	2	= 209

In Tabelle XII a wurden die mit Hausstrafe bestraften 433 der untersuchten 1000 Jugendlichen zu der Zahl der erhaltenen Hausstrafen mit Rückfall und Nichtrückfall in Beziehung gesetzt. Aus dieser Tabelle läßt sich u. a. entnehmen, daß von 246 der während der Strafzeit mit Hausstrafen bestraften Rückfälligen nur 12 (5 %) mit mehr als 5 Hausstrafen bestraft worden sind. Dieser Zahl stehen 8 Nichtrückfällige gegenüber.

In Tabelle XII b sind die Ergebnisse dargestellt, die sich für die 209 dieser 433 Jugendlichen ergeben, die aus unbestimmter Strafe entlassen worden sind und die Hausstrafen erhalten hatten. Um diese Ergebnisse mit denen vergleichen zu können, die Meyer gefunden hat, wurden dabei — entsprechend seinem Vorgehen — die wegen Entweichung und Entweichungsversuchen verhängten Hausstrafen nicht berücksichtigt. Die Tabelle zeigt, daß bei den 117 aus unbestimmter Strafe entlassenen Jugendlichen, die Hausstrafen erhalten hatten, sich das Merkmal „5 und mehr Hausstrafen im Jugendgefängnis" nur bei 7 (6 %) Jugendlichen finden läßt, die rückfällig geworden sind. 4 der

92 nichtrückfälligen Jugendlichen, die ebenfalls aus unbestimmter Strafe entlassen worden sind, waren während der Strafzeit mit mehr als 5 Hausstrafen bestraft worden.

Diese Untersuchungsergebnisse zeigen, wie problematisch solche Schlußfolgerungen sind, vor allem auch, wenn man nicht die Art der Verstöße, die zu der Verhängung von Hausstrafen führten (vgl. Tabelle VIII), die verbüßte Strafzeit und die Tatsache berücksichtigt, daß man aus den geringen Zahlen, die — auch bei Meyer — in den extremen Bereichen gewonnen worden sind, nichts verallgemeinern kann.[54] Bemerkenswert ist in Tabelle XII, daß die Unterschiede zwischen Rückfälligen und Nichtrückfälligen im Bereich der mittleren Hausstrafenzahl (2, 3 und 4) am größten sind, sich aber auch zwischen Tabelle XII a und XII b bei der Hausstrafenzahl zwei erhebliche Unterschiede ergeben.

Da sich die meisten der vorliegenden Untersuchungen, wenn sie nicht das Problem der Prognose zum Gegenstand haben, entweder mit den Ursachen, den Formen und Erscheinungsweisen der Kriminalität oder aber mit dem Strafvollzug, dessen Ausgestaltung und Organisation, Geschichte, rechtlicher Problematik usw. beschäftigen, ist es notwendig, daß der Zusammenhang zwischen den Ursachen der Straffälligkeit, zwischen kriminogener Struktur und der Erziehung und Behandlung des Rechtsbrechers in der Jugendstrafanstalt sowie dem Resozialisierungserfolg erforscht und der besonders von *Suttinger* aufgezeigte Weg fortgesetzt wird. In dem nächsten Untersuchungsabschnitt sollen sowohl eingehende psychologische Längsschnitt- und Querschnittsuntersuchungen als auch soziologische Untersuchungen über die Jugendstrafanstalt als soziale Institution durchgeführt werden.[55]

Die Jugendstrafanstalt erreicht wahrscheinlich ihr Erziehungsziel bei vielen jungen Strafgefangenen nicht, weil sie durch die — stark am Erwachsenenstrafvollzug orientierten — Vorschriften, Routine und verwaltungsmäßige Organisation, durch die Angst vor Sanktionen (durch übergeordnete Verwaltung, Strafverfolgungsbehörde, Öffentlichkeit, Parlament), aber auch durch idealistische Vorstellungen geprägten Rollenerwartungen Strafvollzugsbediensteter dem Erziehungs-

---

[54] Man sollte auch in der kriminologischen Forschung endlich dazu übergehen, sich der Erkenntnisse der modernen Statistik zu bedienen, wenn statistisches Ausgangsmaterial gewonnen, dargestellt, analysiert und interpretiert wird.

[55] D. J. *Bordua* hat über die in der amerikanischen Forschung sich anbahnende fruchtbare Konvergenz psychologischen und soziologischen Denkens berichtet in: Soziologie der Jugendkriminalität, herausgegeben von Peter Heinz und René König, Kölner Zeitschrift für Soziologie und soziale Psychologie, Sonderheft II, S. 156—188.

bedürfnis vieler dieser jungen Strafgefangenen nicht entsprechen. Viele der Bediensteten der Jugendstrafanstalt begegnen den jungen Strafgefangenen mit einer auf Konfliktvermeidung gerichteten Rollenerwartung und schließen von der Anpassung an diese Erwartung darauf, daß das Erziehungsziel erreicht sei. Solche Rollenerwartungen werden auch stark durch die Tradition des Strafvollzugs geprägt.

Die Wirksamkeit der in den Jugendstrafanstalten angewandten Erziehungsmethoden scheint vor allem auch dadurch vermindert zu werden, daß viele junge Straffällige dieser Rollenerwartung entsprechen, indem auch sie um Konfliktvermeidung bemüht sind und sich dabei ausweichender Techniken der Daseinsbewältigung[56] bedienen. Dadurch wird der wirkliche Zusammenstoß mit unangenehmen Gegebenheiten der Realität vermieden und der Realitätsgrad der Strafe *(Lewin)*[57] verändert. Die mitgeteilten Untersuchungsergebnisse bestätigen, daß zwischen der erfolgreichen Anpassung an eine solche Rollenerwartung der Bediensteten und dem Resozialisierungserfolg der Institution Jugendstrafanstalt nicht die angenommene positive Korrelation besteht. Unter den durch besonders gute Anpassung an die Rollenerwartung der Bediensteten auffallenden und an der Spitze der Rangordnung innerhalb der Anstalt stehenden jungen Gefangenen (Obleute, Kalfaktoren, Funktionäre) scheinen sich besonders häufig jene durch Ich-Schwäche und Autoritätsgebundenheit[58] gekennzeichneten Jugendlichen zu befinden, deren negative Techniken der Daseinsbewältigung durch den Strafvollzug begünstigt werden und die deshalb besonders rückfallsgefährdet sind.

Diagnose, Prognose, Erziehungseinfluß im Jugendstrafvollzug und tatsächliche Bewährung sollten auch von dem dort tätigen Psychologen immer in ihrem Zusammenhang gesehen werden. Er kann dem straffällig gewordenen Jugendlichen und damit auch den Gerichten, den Strafvollzugsbehörden, dem Gesetzgeber und der Gesellschaft nur helfen, wenn er zu wissenschaftlichen Erkenntnissen beiträgt, die es ermöglichen, die dort praktizierten Erziehungsmethoden wirksamer zu gestalten. Erst wenn man erkannt hat, daß der im Jugendstrafvollzug beschrittene Weg nicht zu dem angestrebten Erziehungsziele führt, wird man sich stärker darum bemühen, die wissenschaftlichen Grundlagen für solche wirksameren Erziehungsmethoden zu erarbeiten, vor-

---

[56] H. *Thomae:* s. o. — G. *Suttinger:* Vor allem in „Persönlichkeit und Strafvollzug (s. o.), S. 82—87. — G. *Neulandt:* Behandlung frühkrimineller Täter im Strafvollzug aus der Sicht des Psychologen, in Kriminalbiologische Gegenwartsfragen, Heft 3 (Stuttgart 1958), S. 86—91.

[57] K. *Lewin:* Die psychologische Situation bei Lohn und Strafe (s. o.). Exkurs über den Realitätsgrad der Strafe (unter Absnchitt 6).

[58] Th. W. *Adorno:* s. o.

urteilsvolle, oft schablonenhafte und durch perfektionistische Tendenzen gekennzeichnete Vorstellungen zu überwinden und sich mehr auf die besondere Problematik des einzelnen Straffälligen und den sich daraus ergebenden Erziehungsplan einstellen.[59]

Wenn von den 524 erfaßten rückfälligen Jugendlichen 278 (53 %) während der Strafzeit keinen einzigen Konflikt mit der Hausordnung hatten, der dazu führte, daß eine Hausstrafe verhängt wurde, so läßt das erkennen, wie notwendig es ist, auch durch eingehende Untersuchungen zu erforschen, warum der Jugendstrafvollzug gerade bei diesen äußerlich angepaßten Jugendlichen so unwirksam ist.[60]

---

[59] Hierzu: Alexander *Böhm:* „Die Behandlung in der Anstalt", in Bericht über die Verhandlungen des 12. Deutschen Jugendgerichtstages in Regensburg (Hamburg 1963), S. 83—91.

[60] Viele dieser Jugendlichen sind meines Erachtens „geeignete Fälle" im Sinne des § 91 Abs. 3 JGG („um das angestrebte Erziehungsziel zu erreichen, kann der Vollzug aufgelockert und in geeigneten Fällen weitgehend in freien Formen durchgeführt werden").

Sozialpsychologische Behandlungsmethoden und ihre Ergebnisse — ein Erfahrungsbericht mit kriminellen Psychopathen

von Erik Hoeck-Gradenwitz

I. Die Diagnose

Psychopathie ist eine Sammelbezeichnung für ziemlich verschiedene Verhaltungsweisen. Die Klassifikationspsychiatrie *(Kräpelin, Bleuler, K. Schneider)* hat mit Hilfe von sogenannten Psychopathietypen den Versuch gemacht, die vielfarbige Heerschar unter einen Hut zu bringen. Die Systematisierung geschah mit Anwendung von Adjektiven, und die individuelle psychopathische Persönlichkeit erschien oft als ein adjektivisches Mosaik. In manchen Fällen wurde „dem diagnostischen Fund" sogar kausale-konstitutionelle Bedeutung zugemessen, besonders dann, wenn äußere belastende Faktoren nicht unmittelbar ersichtlich waren.

In allen mir bekannten Fällen, die den offiziellen Stempel „psychopathia constitutionalis" erhielten, war jedoch der Anteil der Umweltsfaktoren beträchtlich. Und es erscheint müßig, sich allzu viele Gedanken darüber zu machen, wie weit ein psychopathischer Reaktionsmodus sich in einer ungünstigen Umwelt geltend macht oder von dieser geschaffen wird.

Eine adjektivische mosaikartige Diagnose ist oberflächlich, generalisierend und gar nicht so selten fehlerhaft; sie gibt außerdem nur geringe Anhaltspunkte für eine Behandlung. Eine sozialpsychologische Diagnose ist bis zu dem Abschluß der Behandlung vorläufig und tentativ; sie stützt sich nur in geringem Grade auf Zustandsbilder, sondern wesentlichst auf eine dynamische Strukturanalyse des Patienten und seiner interpersonellen Relationen in der Vergangenheit, Gegenwart und einer potentiellen Zukunft. Die Sozialpsychologie setzt nicht eine feste und eindeutige Verbindung zwischen Vergangenheit, Gegenwart und Zukunft voraus, sie rechnet auch mit Diffundierung *(Zeigarnik* 1927, *Ovsiankina* 1928) und funktionell mit Autonomie (*Allport* 1951).

Bei einer dynamischen Betrachtung der Psychopathie treten folgende Faktoren stark hervor: 1. eine im Verhältnis zur Altersstufe mangelhafte Reife. Das Verhalten des Psychopathen wird durch die unmittelbar vorliegenden Bedürfnisse bestimmt, und eine Berücksichtigung der Konsequenzen geschieht nur in geringem Grade. Die verschiedenen Persönlichkeitsstrukturen oder Lebensgebiete des Psychopathen sind, wie bei Kleinkindern, nur unscharf voneinander abgegrenzt. Das Resultat ist eine sehr starke Streuung: Reibereien auf einem Lebensgebiet verpflanzen sich lawinenartig auf andere Lebensgebiete. 2. Der Psychopath hat in der Vergangenheit keine festeren emotionalen Anhaltspunkte gefunden und daher kein stärkeres Gefühl der Gegenseitigkeit entwickelt. Sein sozialer Lernprozeß ist daher unvollkommen gewesen. 3. Der Psychopath ist sensitiv und hat nur ein geringes Belastungsvermögen. 4. Der Psychopath hat starke unzweckmäßige Abwehrmechanismen und oft ein geringes Unterscheidungsvermögen zwischen der Wahrheit und der Lüge. 5. Der Psychopath lernt besonders schlecht und langsam mit Hilfe von Erfahrungen, er ist oft auf bestimmte Verhaltungsweisen fixiert. — In Skandinavien wenden wir häufig an Stelle des unklaren Begriffs Psychopathie die Diagnose Charakterinsufficienz an.

Kriminelle Psychopathen in Dänemark können nach vorangegangener gerichtsärztlicher Untersuchung zur Verwahrung verurteilt werden. (Das dänische Gesetz unterscheidet zwischen Verwahrung und Sicherheitsverwahrung. Die Sicherheitsverwahrung entspricht der deutschen Verwahrungssanktion, sie wird, ganz gewiß in sehr seltenen Fällen, gewerbs- und gewohnheitsmäßigen Gesetzesübertretern gegenüber angewandt.)

Das Verwahrungsurteil stützt sich u. a. auf § 17 des dänischen StGB. Der Täter muß hiernach permanente Entwicklungsstörungen oder Schwächung psychischer Fähigkeiten aufweisen, ohne aber geisteskrank zu sein. Der Täter muß außerdem der Einwirkung durch Strafe unzugänglich sein.

Für die Verwahrungsanstalt besteht eine besondere Ausführungsverordnung. Ich zitiere hier nur den § 2: Aufgaben der Anstalt sind Sicherung der Öffentlichkeit gegen die Gefahren, welche die Internierten bieten würden, wenn sie sich auf freiem Fuße befänden, und die Behandlung, die im Rahmen der gegebenen Möglichkeiten erteilt werden kann. Um die Internierten zur Rückkehr in die Gemeinschaft zu befähigen, soll die Behandlung ihrer seelischen Eigenart entsprechen. Während der Verwahrung, die keine Strafe, sondern eine Sicherheitsmaßnahme ist, soll danach gestrebt werden, die Behandlung der Individualität der Internierten anzupassen.

Die Verwahrungszeit ist immer unbestimmt. Die Entlassung, die der Richter gemäß einem Antrage der Anstalt, der von dem Gericht bestimmten Aufsichtsperson oder der obersten Anklagebehörde beschließt, geschieht immer versuchsweise und stellt den Entlassenen unter Überwachung der Anstalt. Die endliche Entlassung geschieht frühestens nach 3—4 Jahren und auch durch den Richter.

Bei den zur Verwahrung Verurteilten treten 3 Kategorien besonders deutlich hervor. Die erste Kategorie besteht aus Personen, die ein recht ernsthaftes Verbrechen (z. B. Raub, Brandstiftung) begangen haben und bei denen die gerichtsärztliche Untersuchung so abnorme Persönlichkeitsstrukturen und Reaktionsweisen konstatiert hat, daß eine gewöhnliche Gefängnisstrafe (hierunter auch Jugendgefängnis) als zweckwidrig anzusehen wäre. Innerhalb dieser Kategorie finden wir oft sehr junge nichtvorbestrafte Gesetzesübertreter, die aber zum großen Teil früher in Kinder- und Jugendheimen gewesen sind. Wir finden hier gar nicht so selten die sogenannten Bowlby-Kinder *(Bowlby* 1950), d. h. in der frühen Kindheit stark kontaktgeschädigte Personen.

Die zweite Kategorie, die die meisten Verwahrten umfaßt, besteht aus mehrmaligen Rückfallsverbrechern (meistens Bereicherungsverbrechern), wo es offensichtlich ist, daß gewöhnliche Strafe keine Wirkung gehabt hat und wahrscheinlich auch in Zukunft nicht haben wird. Die dritte Kategorie besteht aus Sexualverbrechern, die in den meisten Fällen eine oder zwei Gefängnisstrafen verbüßt haben.

II. Die sozialpsychologische Behandlung

Als eine wesentliche Grundlage für die sozialpsychologische Behandlung möchte ich hier die folgenden Faktoren hervorheben:

1. Die gegenwärtige Persönlichkeitsstruktur des Patienten und seine potentiellen Entwicklungsmöglichkeiten.
2. Die zwischenmenschlichen Verhaltungsweisen des Patienten in der Vergangenheit, Gegenwart und einer potentiellen Zukunft.
3. Familienmitglieder und andere für den Patienten wichtige Personen, sofern der Patient damit einverstanden ist und individualtherapeutische Situationen ihre Einziehung erfordert. Eine individuelle Behandlung allein kann leicht die Balance, die zwischen dem Patienten und seiner Ehefrau oder Familie bestanden hat, verschlechtern, evtl. zerstören. Umgekehrt ist es oft notwendig, auf eine neue und bessere Balance hinzuarbeiten, weil die frühere Konstellation (z. B. die Ehe) kriminogene Wirkungen gehabt hat. Die Miteinbeziehung von Familienmitgliedern und anderen wichtigen Personen hilft häufig zur Etablierung eines besseren modus vivendi zwischen diesen und dem Patienten.
4. Die Anstalt und ihre Beamten haben die allergrößte Bedeutung für die Behandlung. Sofern die Einwirkungen des Therapeuten und die

der Beamten nicht aufeinander abgestimmt sind, wird der Patient noch verwirrter als bisher, und die noch so beharrlichen Anstrengungen des Therapeuten sind vergebens. Der Therapeut muß die Einwirkungen der Beamten und der Mitpatienten kennen und hier besonders die Übertragungen und Gegenübertragungen, die außerhalb der therapeutischen dyadischen Situation geschehen. Eine therapeutzentrierte Therapie wird nur sehr selten in einer Anstalt Erfolg haben können, sie wird Widerstand in der Form von passiver Resistenz oder Sabotage hervorrufen (*Hoeck-Gradenwitz* 1964). In den Perioden der negativen Übertragung in der Therapie werden die Beamten den Unwillen des Patienten gegen die Spezialbehandlung verstärken und diese vielleicht zur Auflösung bringen. Wir müssen hier bedenken, daß die Beamten oft 8 Stunden täglich mit den Gefangenen zu tun haben und daß ihr Einfluß auf sie sehr groß sein kann.

Sozialpsychologische Behandlung ist m. a. W. nicht nur eine individuelle Therapie, sondern eine Koordination von individuellen therapeutischen Bestrebungen und von anderen psychophysischen Einwirkungen des Anstaltsmilieus.

In der Verwahrungsanstalt Herstedvester haben wir viel getan, um die Beamten auf unseren speziellen Behandlungsgedanken einzustellen. (Diese Arbeit ist soweit erleichtert worden, als das dänische Gefängniswesen seit 20 Jahren prinzipiell den Kontakt zwischen Beamten und Gefangenen als ein wichtiges Mittel für die Resozialisierung hervorgehoben hat. Die Zentralgefängnisschule, die alle Beamtenanwärter und später Beamte durchmachen, hat Sozialpsychologie als ein sehr wichtiges Fach.) In Herstedvester gibt es regelmäßige Kurse für die Beamten, oft in Form von Diskussionsgruppen zusammen mit Psychologen, Ärzten, Fürsorgern, Pädagogen usw. Wir haben tägliche Konferenzen, wo Repräsentanten für alle Gruppen anwesend sind und wo wichtige Vorkommnisse, hierunter Behandlungsfragen, erörtert werden. Regelmäßige Besprechungen zwischen Therapeuten, Fürsorgern und Beamten tragen außerdem zur Zusammenarbeit und Koordination bei. Unsere Beamten nehmen aktiv an unserer Behandlungsarbeit teil, sie kümmern sich um ihre Häftlinge, die in kleinen Wohnabteilungen (höchstens 15) untergebracht sind, sie orientieren uns über die Fortschritte und die Schwierigkeiten des einzelnen Häftlings, und gar nicht so wenige von ihnen werden Vertrauenspersonen für den einen oder anderen und stehen später dem Häftling in der Periode nach der versuchsweisen Entlassung bei.

In diesem demokratischen Gefüge der Anstalt ist der Therapeut (ein Psychologe oder Arzt) eine besonders wichtige Person für den einzelnen Häftling. Einige Tage nach der Einlieferung bekommt der Häftling einen Therapeuten und einen Fürsorger zugeteilt, er muß sich an diese beiden Personen halten. Der Fürsorger, der immer Anstaltsfürsorger ist, hat nach der versuchsweisen Entlassung die Schutzaufsicht, häufig aber mit der Stütze des Therapeuten. Wir erstreben, so weit möglich, *eine Kontinuität der Behandlung* bis zur endgültigen Entlassung. Sehr viele Häftlinge sind psychisch beschädigt worden, weil sie von Kindesbeinen an das Opfer von zahlreichen häufig wechselnden und gegenläufigen Einwirkungen gewesen sind.

Wenn ich jetzt von einigen speziellen sozialpsychologischen Behandlungsmethoden spreche, muß ich ausdrücklich darauf aufmerksam machen, daß ihre Durchführbarkeit eine intensive Zusammenarbeit der verschiedenen Funktionärsgruppen voraussetzt. Ich möchte auch darauf hinweisen, daß eine demokratische und positive Grundhaltung der Beamten gegenüber den Häftlingen die Bildung von stärkeren asozialen Gruppen verhindert und damit die Spezialbehandlung erleichtert.

Drei spezielle Behandlungsmethoden werden besonders häufig angewandt: 1. die sozialpsychologische anamnestische Analyse, 2. die supportative Therapie, 3. die Gruppentherapie.

1. *Die sozialpsychologische anamnestische Analyse* (Hoeck-Gradenwitz 1960) *ist sowohl eine Querschnitts- wie eine Längenschnittsanalyse der zwischenmenschlichen Verhältnisse des Patienten.* In etlichen psychotherapeutischen Schulen wird der *Querschnittsanalyse, d. h. der historisch-dynamischen Entwicklung des Patienten,* allzu einseitig Bedeutung beigemessen. Es wird hier oft auf das Vorliegen von Handlungsbereitschaften geschlossen, die danach in dem individuelltherapeutischen Prozeß behandelt werden. Positive und negative Übertragungen werden zu einem wesentlichen Bestandteil der therapeutischen Arbeit gemacht. Der allein auf eine Querschnittsanalyse eingestellte Therapeut ist manchmal gar nicht klar darüber, daß das Erlebnis seiner Persönlichkeit die Art und Richtung der Übertragungen bestimmt und daß die dyadisch-therapeutische Relation auch spezielle Verhaltungsweisen des Patienten entwickeln kann, die nur wenig mit Übertragung von anamnestischem Stoff zu tun haben. Er wird gar nicht so selten in glücklicher Unwissenheit in einem therapeutzentrierten Vakuum wirken (*Hoeck-Gradenwitz* 1964). Langjährige Erfahrungen mit denselben Patienten sowohl in der Anstalt wie auf freiem Fuß haben uns darüber belehrt, daß eine Längenschnittsanalyse, d. h. eine *Analyse der aktuellen Verhaltensweisen* in außertherapeutischen Situationen eine Notwendigkeit ist. Ein neuer sozialer Lernprozeß ist schwer durchführbar, wenn der Therapeut die aktuellen Verhaltungsweisen in den zwischenmenschlichen Relationen negiert. Der Therapeut wird in diesem Fall dazu geneigt sein, Fortschritte oder Stagnationen in der Therapie verkehrt zu beurteilen, er ist blind gegenüber neuen Faktoren, die sich außerhalb der Therapie geltend machen und

möglicherweise auf diesen einwirken. Positive und negative affektive Situationen, Verknüpfungen und Konflikte mit Aufsichts- und Werkbeamten, Kameraden und Angehörigen haben die allergrößte Bedeutung für die Therapie. Und hier ist es wichtig, daß der Therapeut nicht ausschließlich von dem Häftling orientiert wird, sondern auch von den Beamten und eventuell den Angehörigen. Erörterungen über aktuelle Konflikte und über Erlebnis- und Verhaltungsweisen bewirken oft Erörterungen über frühere Konflikte im freien Leben. Der Häftling sieht sich — vielleicht zum ersten Mal — als mitverursachender Faktor in verschiedenen zwischenmenschlichen Situationen. Er hat früher niemals daran gedacht, niemals gefühlt, daß seine Haltung in den verschiedenen Konfliktsituationen eine große Rolle gespielt hat. Er hat alle Situationen ganz unabhängig voneinander erlebt; er hat geglaubt, daß er vom Unglück verfolgt sei oder daß andere Menschen unfreundlich und ungerecht seien. Nun entdeckt er einen Situationszusammenhang, er sieht die Fehler, die er immer wieder verschiedenen Menschen gegenüber begangen hat. Die Einsicht, die der Häftling durch eine solche häufige Vergleichsanalyse erlangt, ist bedeutend stärker als die Einsicht, die sich ausschließlich auf eine Analyse der Vergangenheit gründet. Sie ist weniger intellektuell, lebensnäher. Der Häftling hat auch die Möglichkeit, durch sein Handeln zu zeigen, ob die so gewonnene Einsicht sich auch in der Praxis durchsetzt. Hin und wieder werden mit Hilfe dieser Behandlungsform auch unbewußte verdrängte Faktoren bewußt gemacht, und der Gesichtskreis des Häftlings wird noch mehr erweitert. Ein Moment von ausschlaggebender Bedeutung ist jedoch, daß der Häftling selbst die Gelegenheit erhält, festzustellen, ob die neuerworbene Einsicht nur eine vorübergehende ist oder ob sie auch in seinen Handlungen sichtbar wird. Er lernt am eigenen Tun und wird vom Therapeuten darauf aufmerksam gemacht, wenn er in sein altes fehlerhaftes Verhalten zurückfällt. Dieser Lernprozeß geschieht selbstverständlich nicht von heute auf morgen.

Ich will Ihnen ein kurzes Beispiel geben.

Martin wurde, 34 Jahre alt, wegen eines Raubversuchs in die Verwahrung eingeliefert. Er ist in sehr schlechten Verhältnissen aufgewachsen. Als er ein Jahr alt war, bekam er einen Stiefvater, den er gehaßt hat, solange er sich erinnern kann. Dieser war ein Trunkenbold und brutal der Mutter gegenüber. Er hat immer seine eigenen 6 Kinder vorgezogen. Die Mutter war schwach, und Martin hatte an ihr keinen Rückhalt. In seinem zwölften Jahr bestrafte der Stiefvater Martin sehr streng für einen Diebstahl, den er gar nicht begangen hatte. Martin wurde trotzig und beging nun wirklich Diebstähle. Er kam in ein Jugendheim, war in Opposition gegenüber allen Autoritäten und beging nach der Entlassung zahlreiche Diebstähle und Betrügereien.

Er hat viele Gefängnisstrafen verbüßt und war immer nur ganz kurze Zeit auf freiem Fuß. Ein Jahr nach der Einlieferung in die Verwahrung wurde eine anamnestische Analyse begonnen (etwa 1—2 Stunden wöchentliche Besprechungen). Er zeigte ein gutes intellektuelles Verstehen in der Querschnittsanalyse und wurde allmählich klar über seine oppositionellen und aggressiven Verhaltensweisen allen Autoritätspersonen gegenüber. Er verstand auch, daß er seinen Haß gegen den Stiefvater auf eine sehr generelle Weise auf andere übertragen hatte. Sein Verständnis war jedoch ein kaltes, nüchternes Konstatieren, er zeigte keinerlei gefühlsmäßige Reaktionen. Sein Betragen und Arbeitseinsatz waren jedoch befriedigend. Er kam in unsere offene Abteilung und war sehr böse, weil wir mit der versuchsweisen Entlassung zu warten wünschten. Er stahl ziemlich viele Lebensmittel in der Küche der offenen Abteilung und wurde nach der geschlossenen Abteilung zurückgeführt. Erst jetzt war er imstande zu sehen, daß seine rein intellektuelle Einsicht und sein opportunistisches Anpassungsvermögen nur einen sehr geringen Wert hatten und daß seine Widerstandskraft Belastungen gegenüber nicht größer geworden war. Er konnte nun gefühlsmäßig zu seinen Reaktionstendenzen und zu seiner Unreife Stellung nehmen. Er erinnerte sich an viele Situationen, in welchen er seine Beziehungen zu anderen infolge Empfindlichkeit, Mißtrauen und Aggressivität zerstört hatte. Er wurde $1^1/_2$ Jahre nach seiner Niederlage auf der offenen Abteilung versuchsweise entlassen. Es ist 10 Jahre her. Martin ist sehr stabil gewesen. Er hat eine Vertrauensstellung in der Firma, wo er nach der Entlassung Arbeit erhielt, und es ist ihm auch sonst gut gegangen.

Ein intensives Interesse für aktuelle Situationen bewahrt uns auch vor der unzweckmäßigen Anwendung von Adjektiven wie aggressiv, unreif, gemütlos usw. Es gilt sowohl für uns als auch für die Häftlinge, daß Verhaltungsweisen eine Funktion der im Augenblick wirksamen Persönlichkeitsstruktur, einer oder mehrerer Präsituationen und der aktuellen zwischenmenschlichen Situation ist. Alle Menschen befinden sich z. B. auf verschiedenen Reifestufen in verschiedenen Lebenssituationen und hin und wieder sogar auf demselben Lebensgebiet. Es ist daher wichtig für den Therapeuten, konstatieren zu können, *in welchen Situationen* der Patient versagt und wo der soziale Lernprozeß einsetzen muß. Das setzt aber ein demokratisches Gefüge der Anstalt voraus. Ein Häftling wird unter einem autoritären Führungsstil kaum wagen, sich so zu zeigen, wie er in den verschiedenen Situationen ist.

2. Ist der Häftling ziemlich unbegabt, kann nur von einer stützenden *psychologisch-pädagogischen Behandlung, einer supportativen Therapie* die Rede sein. Der Häftling kann hier mit einem Hilfsschüler verglichen werden, dem ein sehr geduldiger Lehrer elementares Ver-

stehen beibringt. In Dänemark ist die Schwachsinnigenfürsorge recht gut ausgebaut, und wir finden daher keine schwer intelligenzdefekten Gefangenen in unseren Anstalten. Eine Untersuchung zeigt außerdem, daß das Intelligenzniveau unserer Häftlinge etwas höher als das der Rekruten ist. Es gibt daher immer einige Schwachbegabte und in elementaren Fächern Retardierte.

Sehr oft erscheint es ratsam, mit einer stützenden Behandlung zu beginnen und mit der Inangriffnahme einer intensiveren Therapie zu warten. Das gilt z. B. für die Häftlinge, die auf einer besonders geringen Stufe der Reife stehen beziehungsweise eine so ernsthafte Kriminalität begangen haben, daß mit einem langen Verwahrungsaufenthalt zu rechnen ist. Es ist überhaupt nicht zweckmäßig, mit einer intensiven Therapie zu beginnen, bevor der Häftling sich nicht einigermaßen an das Anstaltsmilieu und seine Forderungen angepaßt hat. Er wird ohne sichere äußere Anhaltspunkte nicht imstande sein, die immer sehr starken Belastungen einer intensiven Therapie zu ertragen.

3. *Gruppentherapie.* Gruppenarbeit mit Gefangenen ist eine conditio sine qua non für die Behandlung. Wenn man die Gruppenbildung allein den Gefangenen überläßt, werden die stärksten und die am meisten asozialen die Führung übernehmen und den Behandlungsprinzipien der Anstalt entgegenarbeiten. Wir müssen hauptsächlich zwischen offenen und geschlossenen Gruppen unterscheiden. In den offenen Gruppen besteht die Möglichkeit, neue Mitglieder aufzunehmen, wenn einzelne ausscheiden. Wir haben in unserer Anstalt ziemlich viele offene Gruppen, z. B. in der Empfangsabteilung, in der freien und offenen Abteilung und im Stegreiftheater.

Gruppentherapie, die ausschließlich mit geschlossenen Gruppen (mit einer Mitgliederzahl bis zu 10) arbeitet, hat eine recht große Bedeutung für die Resozialisierung, besonders dann, wenn sie nach denselben Gesichtspunkten wie die sozialpsychologische anamnestische Analyse angewandt wird. Die Gruppentherapie ist ein starkes Gegengewicht gegen die Bildung von asozialen Gruppen mit asozialen Normen. Der Gruppentherapeut, der zurückhaltend sein muß, wird zusammen mit den Gruppenmitgliedern verschiedene soziale Ziele, u. a. die Vermeidung des Rückfalls, aufstellen. Das Leitmotiv der Gruppe wird danach darin bestehen, daß die einzelnen Mitglieder einander zu einer solchen Änderung der intellektuellen und gefühlsmäßigen Einstellung sowie der zwischenmenschlichen Verhaltungsweisen helfen, daß dieses Ziel erreichbar wird.

Die Gruppe wird zu einem Spiegel für das einzelne Mitglied. Seine Verhaltensweisen werden von den anderen Mitgliedern registriert und auf eine freundliche und annehmbare Weise interpretiert und korrigiert. Wie alle anderen Menschen sind auch Psychopathen ausgezeichnet imstande, die Fehler des Nächsten klar und deutlich zu sehen, während sie — genau wie andere Menschen — mehr oder weniger blind in eigenen Angelegenheiten sind. Die Ergebnisse dieser freundlichen positiven Kritik sind oft sehr befriedigend. Die Kritik wird nämlich leichter akzeptiert, weil sie von Gleichgestellten und nicht von einer Autorität vorgebracht wird.

Peter war faul und ein schlechter Arbeiter. Er glaubte aber selbst, daß er einigermaßen fleißig sei und daß die verschiedenen Arbeitsleiter ungerecht wären. In der Individualtherapie war er ein tüchtiger Querulant. In der Gruppentherapie wurde er auf eine freundliche Weise von seinen Kameraden kritisiert. Jedenfalls einer von diesen hatte ihn jeweils in einer der sieben Arbeitsstellen gesehen. Die Kritik hatte eine sehr starke Wirkung auf Peter. Er wurde stabil und fleißig.

Die Gruppenarbeit hat auch andere positive Wirkungen. Das einzelne Mitglied befindet sich vielleicht zum ersten Mal in einer Bezugsgruppe mit einer sozialen Zielsetzung. Es lernt Zusammenarbeit und Loyalität, es lernt eine Wertschätzung dieser Faktoren und kann sie später als Mitglied von neuen sozialen Gruppen anwenden. Der Einzelne erlebt in der Gruppe, daß die anderen auch große Schwierigkeiten, vielleicht sogar größere haben. Ein solches Erlebnis ist kaum möglich in der Individualtherapie, wo leicht die Gefahr besteht, daß der Patient das Gefühl entwickelt, ein besonders unglücklicher Einzelfall zu sein (*Feldman* 1960).

Bei der Gruppentherapie sind, wie bei der anamnestischen Analyse, die täglichen Verhaltungsweisen ein geeigneter Ausgangspunkt. Erst später werden die Mitglieder frühere Verhaltungsweisen in Relation zu den aktuellen erörtern. Der Druck der Gruppe wird oft so stark, daß das einzelne Mitglied ein Ventil benötigt. Es ist daher zweckmäßig, Gruppentherapie mit Individualtherapie zu kombinieren. Selbstverständlich muß der Gruppentherapeut und der Individualtherapeut dieselbe Person sein.

III. Die versuchsweise Entlassung — eine Fortsetzung der sozialpsychologischen Behandlung

Die Entlassung aus der Verwahrungsanstalt geschieht immer versuchsweise: Die Probezeit ist niemals kürzer als 3—4 Jahre, bisweilen bedeutend länger. Die Aufsicht wird von demselben Anstaltsfürsorger ausgeübt, der den Häftling bereits in der Anstalt betreut hat, ihn also ziemlich genau kennt. Die Arbeit des Fürsorgers wird jedoch in ziemlich vielen Fällen von dem Therapeuten unterstützt. Häufig wünscht der Entlassene seine Schwierigkeiten mit dem Therapeuten zu erörtern.

Der Entlassene steht sehr häufig allen Lebensverhältnissen und allen Menschen unsicher gegenüber. Einige glauben, daß der gewöhnliche Bürger sofort sehen kann, daß sie im Gefängnis gesessen haben. Schuldgefühle, Gefühle der Degradierung werden in die Umgebung projiziert.

Seine Lebensangst kann auch bewirken, daß er, bewußt oder unbewußt, nach dem Gefängnis Sehnsucht bekommt, weil er hier bedeutend größere Sicherheit als im freien Leben fühlt.

Eine Situation, die ohne Kontakt mit dem Fürsorger oder Therapeuten kriminelle Reaktionen nach sich ziehen könnte, wird nach einer Besprechung sehr viel harmloser. So manche Psychiater und Psychologen glauben, daß sie allein mit ihrer Behandlung des Anstaltsinsassen einen genügenden Einsatz getan haben. Sie kennen nur in sehr geringem Grade die Lebensverhältnisse des Patienten außerhalb der Anstalt. Es ist aber notwendig, auch mit Entlassenen zu arbeiten, um Erfahrungsmaterial für eine realistische Behandlung von Anstaltsinsassen, die sich einmal als Entlassene bewähren sollen, zu erhalten.

IV. Die Ergebnisse

Es ist immer sehr schwer, die Resultate der Behandlung zu würdigen. Wir können nur ganz selten beurteilen, ob eine bestimmte Behandlungsform, ob der Aufenthalt in der Anstalt als solcher (Milieutherapie), ob die Einwirkungen eines bestimmten Beamten, ob die Fürsorgearbeit in der Probezeit oder ob ganz neue Faktoren (z. B. eine gute Ehe) resozialisierend gewirkt haben. In vielen Fällen liegt eine Kombination von mehreren Faktoren vor. Ein anderer Umstand, der bei einer statistischen Behandlung nicht zum Ausdruck kommt, ist der Wechsel des strukturellen Aufbaus der Anstalt, der Personalwechsel unter den Therapeuten und die recht erheblichen Veränderungen in der Zusammensetzung der Internierten seit der Etablierung der Verwahrungsanstalt (1935).

Die einzige feste Einheit ist die psychische Qualität unseres Klientels. Es umfaßt die am meisten belastenden und psychisch zerrütteten Kriminellen, die kein Gefängnis, keine andere Anstalt zu haben wünschen. Unsere Häftlinge sind vor ihrer Einlieferung bei uns mit der schlechtest möglichen Prognose bedacht worden. Sie werden aus unserer Erfolgs- und Versagerstatistik ersehen können, daß wir auch viele Enttäuschungen erleben. Unsere Enttäuschungen sind jedoch etwas geringer als die der gewöhnlichen Gefängnisse.

Wir haben den Rückfall in vier Perioden untersucht (A: 1935 bis 41, B: 1942—45, C: 1946—48, D: 1949—51).

Der Rückfall der Bereicherungsverbrecher (Tabelle 1) zeigt einen Fall von 62,6 % in der ersten Periode, bis 50,9 % in der letzten Periode.

Tabelle 1

	Verwahrungsanstalt Herstedvester			
Rückfall bei Bereicherungsverbrechern	A	B	C	D
in Prozenten:	62,6	59,2	54,4	50,9

Betrüger haben eine bedeutend größere Rückfallsquote (ca. 70 %) als Diebe (ca. 35—40 %).

Der Rückfallsprozent für alle Kategorien von Häftlingen der Verwahrungsanstalt war in der A-Gruppe 46 % und in der D-Gruppe 40,6 % (Tabelle 2).

Tabelle 2

	Verwahrungsanstalt Herstedvester			
Rückfall bei allen Internierten	A	B	C	D
in Prozenten:	46,0	42,9	39,7	40,6

Die Rückfallquote fällt sehr bei den Personen, die zweimal (eventuell dreimal) in der Haftanstalt gewesen sind. Wir haben hier Untersuchungen bis zum 1. Januar 1960.

Bei den zum zweiten Mal verwahrten Bereicherungsverbrechern können wir nicht einen besonderen zeitmäßigen Faktor verantwortlich machen. Die Verwahrungszeit für die zum zweiten Mal internierten Bereicherungsverbrecher ist nämlich, wenn es sich nicht um schwerere Kriminalität handelt, verhältnismäßig kurz, oft ein bis anderthalb Jahre. Es spielt hier sicher eine Rolle, daß wir den Rückfälligen bereits in der ersten Verwahrungsperiode kennengelernt haben und ihn danach in der Freiheit ziemlich genau beobachten konnten. Die Fehler, die unsere Rückfälligen begangen haben, können wir in dem fortgesetzten sozialen Lernprozeß therapeutisch benutzen.

Ich muß in dieser Verbindung darauf hinweisen, daß so gut wie alle rückfälligen Häftlinge wieder in die Verwahrungsanstalt zurückkommen.

Eine größere statistische Untersuchung über alle Rückfallsverbrecher in Dänemark *(Christiansen & Pal)* zeigt einen starken Fall der Rückfallsquote für Personen über 25 Jahre. In den meisten dänischen Gefängnissen einschließlich der Verwahrungsanstalten haben wir seit ca. 5 Jahren eine größere Anzahl von unbewohnten Zellen.

Die verhältnismäßig günstige Situation in Dänemark ist wahrscheinlich das Resultat von effektiveren Resozialisierungsbestrebungen in den letzten 20 Jahren. Der Einsatz der Verwahrungsanstalten besteht in der Absonderung der besonders schwierigen Kriminellen, die bei einer Anbringung in gewöhnlichen Gefängnissen einen ungünstigen Einfluß auf die „Normalgruppe" der Gefangenen gehabt hätten. Außerdem hat es sich aber erwiesen, daß anscheinend ganz hoffnungslose Psychopathen mit Hilfe von intensiven, hierunter besonders sozialpsychologischen, Behandlungsmethoden soziale Bürger werden können.

Literatur

Allport, G. W. (1951): Personality, a psychological interpretation, Constable Company, London.

Bowlby, J. W. (1950): Maternal Care and Mental Health, W. H. O.

Christiansen, K. O., & Pal, L. (1965): Det mandlige recidiv i Danmark 1933—1960, N. T. K. 53, 1.

Feldman, W. (1960): Group Psychotherapy with Psychopaths at Herstedvester, Societe Internationale de Criminologie, Bulletin 2.

Hoeck-Gradenwitz, E. (1960): The use of anamnestic analysis, its technique and results, Societe Internationale de Criminologie, Bulletin 2.

Hoeck-Gradenwitz, E. (1964): Overføring og modoverføring. (Übertragung und Gegenübertragung), Nordisk Psychologi nr. 4—5.

Ovsiankina, M. (1928): Die Wiederaufnahme von unterbrochenen Handlungen, Psych. Forsch. Nr. 11.

Stürup, G. K. (1959): Forvaringsanstalten i Herstedvester, København.

Zeigarnik, B. (1927): Über das Behalten von erledigten und unerledigten Handlungen, Psych. Forsch. 9.

Die Krise in der Kriminologie

von Gustav Nass

Es ist immer gut, wenn eine junge Wissenschaft nach einem kurzen und scheinbar erfolgreichen Anlauf in eine Phase der Selbstbesinnung eintritt und wenn zurückgeblendet wird, indem man fragt: Was ist bisher erreicht worden? Und wenn man mit dem Erreichten nicht zufrieden sein sollte, weiter fragt: Waren die Methoden richtig? Und wenn Zweifel an den Methoden auftauchen sollten, schließlich fragt: Waren die Hypothesen, die Voraussetzungen, die Grundlagen und Ansätze, mit denen man begann, brauchbar? Bei der Kriminologie hat es lange gedauert, bis sie sich solche Fragen stellte. Aber schließlich konnte man nicht länger damit warten, denn sie ist letztlich eine pragmatische Wissenschaft, aus praktischen Bedürfnissen entstanden, ja geradezu eine von der Not der Zeit geforderte.

Als die Industriegesellschaft das Proletariat hervorgebracht hatte, glaubte man, proletarische Daseinsform allein sei ein kriminogener Faktor. Daß dieses nicht stimmen konnte, war denen, die einen tieferen Einblick in die Gesellschaftsstruktur hatten, kein Geheimnis. Die Absperrung der Gesellschaftsschichten voneinander, die noch in den letzten Jahren des kaiserlichen Deutschland festzustellen war, sorgte dafür, daß die Kriminalität in den höheren Ständen weit mehr verborgen blieb und die Dunkelziffer entsprechend höher war als in den niederen. Allzu leichtfertig war man mit der soziologischen Interpretation der Kriminalstatistik, wenn man feststellte, in dem gleichen Maße, wie auf dem Weltmarkt die Getreidepreise steigen, nehme die Kriminalität zu. Nun darf man aus diesem Irrtum nicht den Schluß ziehen, als ob wirtschaftliche Not überhaupt kein kriminogener Faktor sei, zumal heute, gestützt auf Erscheinungen, für die man die Bezeichnung Wohlstandskriminalität geprägt hat, eine neue Theorie aufgestellt worden ist. Als ob es Wohlstandskriminalität nicht zu anderen Zeiten auch schon gegeben hätte. Was heißt Wohlstandskriminalität? Ist es die Erscheinungsform der Kriminalität, die bei Menschen entsteht, welche im Wohlstand leben? Oder ist es die Kriminalität, die *durch* den Wohlstand einer *Mehrheit* entsteht? Oder ist es schließlich eine solche Kriminalität, die durch das *Streben* nach Wohlstand entsteht, wobei das Erreichen des Wohlstandes mit normwidrigen Mitteln erstrebt wird?

Die erste Form hat es schon immer gegeben, nur war, wenn der Wohlstand auf eine kleine Schicht beschränkt war, die Dunkelziffer früher größer. Mit der Verbreiterung einer Schicht sinkt die Dunkelziffer, und deshalb fällt die Kriminalität der im Wohlstand Lebenden mehr auf.

Die andere Erscheinungsform, das Erreichen des Wohlstandes mit normwidrigen Mitteln, einfacher ausgedrückt, schnell reich zu werden, ohne viel arbeiten zu müssen, also auf möglichst bequeme Weise — und als die bequemste Weise erscheint diejenige, das Eigentum des andern einfach sich anzueignen —, ist eigentlich auch keine neue Erscheinungsform; denn das ist ja typisch für das Wunschdenken des Täters, der Eigentumsdelikte begeht. Gemeint ist mit Wohlstandskriminalität eigentlich nur die Tatsache, daß solche Menschen kriminell werden, die es gar nicht nötig haben, also trotz ihres Wohlstandes. Die angeführten Möglichkeiten müssen wir auseinanderhalten. Es scheint, daß man mit dem Begriff der Wohlstandskriminalität zu großzügig umgeht und damit die individuellen Ursachen von Verbrechen mit einem Schlagwort überbrückt. Wir sind damit bei der ersten Schwierigkeit angelangt, vor die sich die Kriminologie gestellt sieht, nämlich der Tendenz zur Verallgemeinerung und zum Operieren mit der großen Zahl.

Die ersten Ansätze der kriminologischen Wissenschaft, mit Hilfe der Psychologie die psychischen Vorgänge bei kriminellen Handlungen sowohl im Stadium der Vorbereitung als auch während des Ablaufes der Tat zu erforschen, gingen unter in den nach dem 1. Weltkrieg einsetzenden neuen Methoden der Psychoanalyse und der Soziologie. Das waren geradezu extreme Methoden. Die Psychoanalyse, die mehr auf die Einzeltherapie ausgerichtet war, hat das vielgestaltige Material der Kriminalität nicht bewältigen können. Zwar wurden durch die Anwendung psychoanalytischer Erkenntnisse im Einzelfalle Ursachen von Verbrechen aufgedeckt. Es wurden auch allgemeine Einsichten vermittelt, z. B. auf dem Gebiete der Entstehung von einigen Sexualverbrechen, die sich durch Triebstauungen, plötzliche Triebabfuhren, Verlagerungen, Enthemmungen, Verklemmungen usw. erklären lassen; ferner abnorme Reaktionen, deren Ursachen in psychischen Traumata nachweisbar waren; aber für die vielfältigen Formen der Kriminalität bedeutete das nur wenig. Zudem wirkte die Tendenz der Psychoanalytiker, jede kriminelle Handlung auf unbewußte Triebregungen, Verdrängungen usw. zurückzuführen, ohne dabei die Frage der sittlichen Verpflichtung und der Verantwortung zu berücksichtigen, für die Gerichte wenig ermutigend. Ihre extremste Form fand die psychoanalytische Theorie innerhalb der Kriminologie in der Forderung: „Heilen statt strafen." Ein solcher Slogan mußte auf die seit 2 Jahrtausenden auf Strafen festgelegte Justiz schockierend wirken, traf diese unvorbereitet und stieß daher bei den allermeisten auf Ablehnung. Dieser Zug der Kriminologie wurde bald abgelehnt.

Erfolgversprechender schienen die soziologischen Untersuchungen, weil sie in die Breite gingen, mit großen Zahlen aufwarten konnten und die Verantwortung und die Schuld nicht eliminierten. Diese schienen der Soziologie weniger wichtig. Das Problem der Ursachenforschung war für die Soziologie kein individualpsychologisches, sondern — und das lag in der allgemeinen Wissenschaftsmethodik der Soziologie begründet — ein gesellschaftliches. So ging die Blickrichtung für die soziologisch orientierte Kriminologie über in die, welche auf die Erforschung der Kriminalität als Phänomen der modernen Industriegesellschaft zielte.

Eine solche Betrachtungsweise entbehrte der individuellen Ursachenforschung. Kein Wunder, daß nun heute nach über 40 Jahren soziologischer Forschung auf kriminologischem Gebiet festgestellt wird: „Die Vielzahl empirischer Untersuchungen der Soziologen hat uns auch nicht entscheidend weitergebracht... Bianchi verwies auf kritische amerikanische Stimmen, wonach die Soziologie niemals einen einzigen Kriminellen gebessert habe und sagt hierzu, das könne unglücklicherweise wahr sein." (Middendorff in seinem Bericht Kriminologie in Israel, Monatsschrift für Kriminologie, 46. Jahrgang, (Heft 1, 1963, S. 36.) Weshalb aber der Soziologie daraus einen Vorwurf machen, daß sie interessante statistische Untersuchungen durchgeführt hat? Der Vorwurf trifft nur diejenigen, welche aus den Ergebnissen dieser statistischen Untersuchungen falsche Folgerungen gezogen haben, nicht zuletzt diejenigen Juristen, welche wohl in Unkenntnis der Forschungsmethoden die Ergebnisse derselben auf ein Gebiet übertragen, wo allein schon die Fragestellung eine andere ist, nämlich auf die individuelle Prognose.

Durch die soziologisch orientierte Kriminologie war die individualpsychologische Forschung nach den Ursachen von Verbrechen vernachlässigt worden. Sie interessierte nicht mehr, weil es für den Richter nicht notwendig schien, die psychischen Abläufe, alles das, was sich im Innern des Täters abspielte, vielleicht sogar über Jahre erstreckte, zu wissen, wenn nur das Motiv geklärt schien. Daß der Beweggrund einer Handlung meist erst das letzte Glied einer Ursachenkette sichtbar werden läßt, wußte man nicht und übersieht man vielfach auch heute noch. Es wird nur nach dem Beweggrund gefragt, und das genügt anscheinend, um die Verbrechensursache aufzuhellen. Die wahre Ursache bleibt jedoch meist im Dunkeln.

Hätte den Juristen die Kriminologie sonst auch nicht zu interessieren brauchen, denn die Motivierung eines Verbrechens kann auch ohne kriminologische Kenntnisse gefunden werden, so schien es doch auf einem speziellen Gebiet zweckmäßig, sich dessen zu bedienen, was die soziologische Kriminologie anbot, nämlich auf dem der Prognoseforschung, um bei der Frage der Entlassung oder der Strafaussetzung zur Bewährung sicher zu gehen. Das war ein eminent wichtiges Gebiet, weil man mit der Praktizierung dieser Maßnahme oft wenig gute Erfahrungen gemacht hatte und ernstlich erwägen mußte, ob die Anwendung dieser Vergünstigung bei der hohen Rückfallquote überhaupt noch zu vertreten wäre. Hier also fand die Kriminologie ihr Betätigungsfeld und schien eine willkommene Hilfe zu sein. Nur vergaß man eins: die statistische Prognose hat ihre Gültigkeit nur im Bereiche der Statistik; sie ist keine Individualprognose.

Wir haben 1957 auf die Fehlerquellen der Prognose hingewiesen und die Forderung nach einer auf Strukturgesetzlichkeiten sich gründenden Forschung erhoben. Die Erforschung der psychischen Strukturen der Täterpersönlichkeit und die daraus resultierende Gesetzmäßigkeit, nach zahlreichen Einzeluntersuchungen feststellbar, ist leider vernachlässigt worden. Dafür war die Soziologie nicht zuständig. Versuche auf diesem Gebiete der Erforschung von kriminellen Strukturen blieben unbeachtet oder wurden nicht verstanden.

Nun hören wir Stimmen aus den Ländern, in denen die soziologisch orientierte Kriminologie bisher allein maßgebend war, daß man anfängt, umzudenken, und daß sich ernste Zweifel an den Ergebnissen der bisherigen Kriminologie regen. Das bedeutet: *die Kriminologie ist mitten in der Krise* im ursprünglichen Sinne dieses Wortes, nämlich in einem *Zwiespalt* und *vor einer Entscheidung*. Diese Krise betrifft uns aber nicht in dem Maße wie die angelsächsischen Länder; denn in der Bundesrepublik hat die Kriminologie bisher nicht die Anerkennung erlangt wie bei den meisten anderen zivilisierten Staaten. Die einseitige Übertragung der Lehren Freuds auf die kriminologische Praxis, wie sie in vielen, insbesondere amerikanischen Staaten üblich war, ist bei uns nicht erfolgt. Die deutsche Kriminologie ist mit kritischem Bewußtsein auch für andere Theorien offengeblieben und hat die Psychoanalyse als eine, nicht die einzige, Methode zur Erforschung psychischer Vorgänge, die dem Bewußtsein nicht ohne weiteres zugänglich sind, angesehen. Sie hat der Psychopathologie und der Neurologie ein größeres Feld eingeräumt, und da erstere nicht ohne die allgemeine Psychologie zu denken ist und auch tatsächlich mit dieser eng verbunden war, zeigte die Kriminologie bei uns in ihren Anfängen eine stärkere Neigung zur medizinischen und zur allgemeinen Psychologie. Das kommt auch darin zum Ausdruck, daß die Kriminologen in den Strafanstalten, wo es um Diagnostik, Prognostik und Behandlung geht, nicht Soziologen, sondern ausschließlich Dipl.-Psychologen sind. Andererseits aber ist kaum ein Lehrauftrag für Kriminologie an einen Psychologen erteilt worden, vielmehr sind solche Lehraufträge an bundesdeutschen Universitäten fast ausschließlich mit dem Ordinariat eines Strafrechtslehrers verbunden, weil die Kriminologie bei uns als Hilfswissenschaft der Jurisprudenz angesehen und dort beheimatet ist.

Der Einfluß der Kriminologie auf den Strafvollzug hat bei uns nicht die Wirkung wie in manchen anderen Ländern gehabt, und daher sind wir auch nicht so enttäuscht. Wenn Hall Williams heute von der „Illusion der Erziehung" spricht (nach Middendorff), so brauchen wir das nicht auf uns zu beziehen.

Unsere Reformer des Strafvollzuges sind kurzgetreten, vielleicht weil wir zunächst andere Sorgen hatten und deshalb mancher mit seinen Ideen nicht zum Zuge kommen konnte. Wir haben den Erziehungsstrafvollzug nicht in der Form der Erleichterung der Strafverbüßung eingeführt, sondern oberster Grundsatz war „Hilfe zur Selbsthilfe", Erziehung nur dort, wo diese möglich ist und Erfolg verspricht. Äußeres Zeichen dafür war schon das Zahlenverhältnis der Erziehungsbeamten zu den Strafgefangenen, bei uns 80 Gefangene auf 1 Erziehungsbeamten, in manchen anderen Ländern dagegen zum Teil die vierfache Zahl von Erziehern. Mögen einige von uns bei Auslandsbesuchen mit Neid auf die dortigen personellen Verhältnisse geblickt haben, heute zeigt das Ergebnis, daß es darauf gar nicht ankommt. Noch so viele Erzieher können das nicht regulieren, was Fehlleitungen in der Kindheit und Jugend angerichtet haben. Die Kriminologie kann ihre kriminalpädagogischen Erkenntnisse nicht erst in den Strafanstalten anwenden. Die Kriminalpädagogik muß bereits früher einsetzen, und sie muß deshalb auch in der Öffentlichkeitsarbeit praktiziert werden. Damit haben wir einen Punkt vorweggenommen, auf den wir weiter unten näher eingehen werden.

Wir haben keinen Grund, in Deutschland über die Ergebnisse unserer kriminologischen Forschungen enttäuscht zu sein, weil nämlich bei uns nur wenig Forschungsmaterial vorliegt, und das hat seinen Grund darin, daß es bei uns kein reines Forschungsinstitut auf diesem Gebiete gibt. Manche Entwicklungsländer sind, so grotesk es klingen mag, in einer günstigeren Position. Anscheinend benötigt man bei uns keine kriminologische Forschung. Wozu sollte sie in der Justiz von Nutzen sein, solange noch Anhänger der Abschreckungstheorie Recht sprechen. Wenn auch einige Forschungen auf privater Basis getrieben wurden, etwa in Strafanstalten, Kliniken und juristischen Seminaren, so fiel das nicht ins Gewicht und änderte an der Haltung der Abschreckungspraktiker gar nichts. Es könnte jemand dadurch eher in die Gefahr kommen, Konsequenzen aus den Erkenntnissen ziehen zu müssen, und Gewissenskonflikte möchte man lieber vermeiden. Wie fest verwurzelt die Abschreckungstheorie ist, erfuhren wir kürzlich, als ein Staatsanwalt auf die Frage, weshalb er auf die offensichtliche Fehlleistung eines Anfängers im Kraftverkehr mit dem in keinem Verhältnis zur Tat stehenden harten Strafantrag reagierte, auf die hohe Zahl der Verkehrstoten im Straßenverkehr hinwies, „um diesem Blutbad auf den Straßen" Einhalt zu gebieten, müssen abschreckende Urteile gefällt werden, und er habe damit schon Erfolg gehabt. Daß die Abschreckungstheorie verwerflich ist, wird von wenigen zugegeben. Der von Preiser unseres Wissens nach erstmals vertretene Gedanke, daß darin keine Gerechtigkeit liegen könne, wenn ein Täter höher bestraft werden soll, als es die Tat verdiene, lediglich damit andere durch den Anblick der Härte, die der Täter erleide, davon abgehalten werden sollen, eine Straftat zu begehen, wird noch nicht praktiziert. Die Theorie des „Exempelstatuierens" ist ungerecht und menschenunwürdig, denn der Täter wird zu einem Objekt, zu einem Mittel der Abschreckung, ganz abgesehen davon, daß die Abschreckungstheorie, wie nun schon seit Jahrzehnten wissenschaftlich einwandfrei nachgewiesen ist, unhaltbar ist. Aber sie liegt wie dicker Staub auf den Strafakten, und sie beherrscht immer noch das Denken vieler Strafjuristen, ohne dadurch auch nur den geringsten Erfolg erzielen zu können. Merkwürdig, daß man hier nicht die Statistik beachtet, während man zur Begründung von abschreckenden Strafen auf die große Zahl der Verkehrstoten hinweist. Man kann aus der großen Zahl keine Schlüsse auf den Einzelfall ziehen, s. Prognose. Die große Zahl der Verkehrstoten ist erschreckend, ist aber die große Zahl der Todesfälle in der Badewanne es nicht auch, ebenso wie die große Zahl der Selbstmörder?

Die Meinung, daß die Soziologie noch keinen Kriminellen gebessert habe, scheint uns aber übertrieben. Die soziologische Kasuistik — leider wird sie nur wenig betrieben — hat auf dem Gebiete der Milieuforschung Erkenntnisse erbracht, die z. B. für die Arbeit in der Bewährungshilfe sehr wichtig sind. Auch hat die Soziologie bedeutende Hinweise auf die Einwirkungen der verschiedenen menschlichen Gemeinschaften und dadurch der Sozialpädagogik wissenschaftliche Grundlagen gegeben. Durch sie war es überhaupt erst möglich, die schlechten und die guten Einflußfaktoren an ihrer Wirkung zu erkennen, abzuschätzen und Folgerungen für die Behandlung und Resozialisierung der Kriminellen zu ziehen. Wenn der Erfolg oft versagt blieb, so können Fehler von dritter Seite die Ursache sein. Gerade in der Sozialpädagogik fühlen sich oft Laien berufen, — man kennt die

Frauen mit dem verspäteten Mutterkomplex, die sich für einen eiskalten Mörder einsetzen, wenn dieser noch Jugendlicher oder Heranwachsender ist, ihre ganze Liebe und Fürsorge in blindem Vertrauen auf ihre eigene Kraft und in der nicht zu erschütternden Hoffnung, ausgerechnet sie allein könnten den jungen Menschen auf den rechten Weg bringen, aufwenden. Wer den Strafvollzug aus der Praxis kennt, weiß, daß nicht allein bezüglich der Erziehungsarbeit viele Fehler gemacht werden, sondern daß der ganze Strafvollzug schon im Prinzip Fehler und Schwächen enthält.

Nein, die Kriminologie hat bei uns nicht versagt, sie ist ja noch gar nicht zum Zuge gekommen. Man wird auch der Tiefenpsychologie das Versagen pönologischer Maßnahmen in manchen, besonders außereuropäischen, Ländern nicht zum Vorwurf machen können, denn die Tiefenpsychologie deckt die individuellen Ursachen auf, wie es zum Verbrechen kam, die Therapie jedoch, mit denen man solche Ursachen verhindern könnte, wird meist nicht angewandt oder abgebrochen, zu spät oder gar fehlerhaft ausgeübt. Wenn man einige tausend Lebenslaufanalysen und charakterologische Begutachtungen von Kriminellen aller Kategorien durchgeführt hat, verdichten sich die gewonnenen Erkenntnisse zu einem Bestand von empirisch gesicherten Regeln, mit denen man praktisch arbeiten kann.

Es scheint heute üblich zu sein, namentlich im Gefolge einiger Modephilosophen, auf die Leistungen der Naturwissenschaften des 19. Jahrhunderts mit Geringschätzung herabzublicken. Naturwissenschaftliches Denken habe uns nicht weitergebracht, und wer heutzutage noch Anhänger der Evolutionstheorie ist, dem wird von besagten Modephilosophen und Kulturkritikern Fortschrittsoptimismus vorgeworfen. Als ob eine naturwissenschaftliche Entwicklungslehre etwas mit Fortschritt oder gar Finalität zu tun hätte. Von dieser Seite droht nun aber — statt eines wissenschaftlichen Fortschrittes — der Kriminologie wirklich eine Krise. Man meint, „das naturwissenschaftliche Feld“ verlassen zu können und Kriminalität als Kulturerscheinung deuten zu wollen. Das ist zu bescheiden.

Fragt man sich, wozu wir kriminologische Forschung treiben, so drängt sich uns Pragmatikern der naheliegende Gedanke auf, letzten Endes um künftige Verbrechen zu verhüten. Verbrechen verhüten bedeutet, die Ursachen, die zu Verbrechen führen können, beseitigen, die Wirkungen abfangen, in den Kausalablauf des Verbrechens eingreifen oder es gar nicht erst zur Auslösung eines Kausalablaufs kommen zu lassen. Um das alles zu können, müssen wir die Ursachen, die Verbrechen auslösen, die Umstände, welche den Auslösungsprozeß begünstigen, kennen. Die bloße Beschreibung der Verbrechensphänomene reicht dazu nicht aus; das ist nur eine Vorstufe, eine „Kunde“ vom

Verbrechen, eine „Schau", eine phänomenologische Betrachtungsweise, die interessante Aufschlüsse zur Motivation zu geben vermag, aber das Verbrechen nicht erklärt. Der Versuch, dem Verbrechen als einem geistigen Phänomen allein mit den bisherigen Mitteln der Pädagogik beizukommen, muß scheitern und ist gescheitert.

Hier ist nun der Ort, auf die Anwendung kriminologischer Erkenntnisse in der Kriminalpädagogik näher einzugehen. Hellmer hat im 3. Abschnitt seines Aufsatzes „Kriminalität und Kultur" einige wichtige programmatische Hinweise gegeben. Wir haben in einer aus der praktischen Arbeit entstandenen systematischen Kriminalpädagogik die Realisierung kriminologischer Erkenntnisse aufgezeigt. Darüber hinaus aber wird es notwendig sein, nunmehr das bereits vorhandene Wissen um die Ursachen von Verbrechen auch in die Öffentlichkeit zu tragen, selbst auf die Gefahr hin, bisher sorgsam gehütete Tabus aufzuheben und der Verbrechensbekämpfung eine andere Richtung zu geben. Verbrechensbekämpfung erschöpft sich bisher vorwiegend in der Verbrecherjagd, womit, wenn sie Erfolg hat, nur die Sicherung vor Wiederholung einer kriminellen Handlung durch denselben Täter möglich ist, wodurch jedoch der potentielle Täter nicht gehindert wird. Endlich, nach lautstark erhobenen Forderungen, Kinder vor potentiellen Tätern zu schützen, werden Maßnahmen zur Verhütung von Sittlichkeitsverbrechen getroffen; aber wie dilettantisch ist das doch: Warnung der Kinder vor dem bösen Onkel. Da zieht ein Kasperletheater von Stadt zu Stadt und spielt in Kindergärten und Schulklassen ein Stück „Kasperle jagt den guten bösen Onkel". Das ist doch nichts anderes als der Krimi für Klein-Thomas. Damit kann man Sexualverbrechen nicht verhüten. Der Modellfall für das Sexualverbrechen am Kinde — ohne die Maske des guten Onkels — ist schon da. In Wiesbaden fuhr in einer Wohngegend ein Volkswagen mit 2 Insassen vor eine Haustür, in welcher ein fünfjähriges Mädchen stand. Einer der beiden Insassen stieg aus, ergriff das Mädchen, hielt ihm den Mund zu, schleppte es in den Keller des Wohnhauses, würgte es und verging sich an ihm. Dann stieg er in das wartende Auto und fuhr mit seinem Begleiter davon. Der Täter ist bis heute noch nicht gefaßt; und wenn man ihn finden und der gerechten Strafe zuführen würde, so fände man doch die vielen potentiellen Täter nicht.

Verbrechensverhütung muß beim potentiellen Täter einsetzen. Die Symptome potentieller Kriminalität sind auf manchen Gebieten schon frühzeitig zu erkennen, z. B. auf dem Gebiete sexueller Fehlentwicklung. Die Beeinflussung derselben ist im Frühstadium möglich. Es handelt sich hierbei nicht allein um die Fälle, die erst in der Strafanstalt erfaßt werden, vielmehr geht es um vorbeugende Kriminalpädagogik mit dem Ziel, den potentiellen Täter rechtzeitig zu erkennen und zu behandeln. Der Ort des Beginns einer vorbeugenden Kriminalpädagogik könnte die Erziehungsberatungsstelle sein. Die ersten Symptome, an dem Verhalten von Kindern und Jugendlichen beobachtet, welche auf die Möglichkeit z. B. mangelnder Gewissensbildung, emotionaler Unterentwicklung, Antriebsschwäche, sexueller Fehlentwicklung hindeuten, werden von Lehrern, Eltern, Schulärzten und Schulpsychologen festgehalten. Erziehungsberater, Schulärzte und Schulpsychologen empfehlen die erforderlichen Maßnahmen zur Korrektur der beginnenden Fehlentwicklung, der Fehlhaltung durch spezielle Erziehungshilfen bzw. Therapien.

Um solche Maßnahmen wissenschaftlich zu begründen, genügt aber nicht die bloße Beschreibung von Verbrechen und die noch so farbige Schilderung von allgemeinen Zeiterscheinungen, in welchen auch kriminogene Faktoren enthalten sein mögen. Es ist notwendig, durch kasuistische Darstellungen die Kenntnis von Ursachen der Verbrechen verschiedener Kategorien zu verbreiten, und zwar sowohl mit Hilfe der Massenmedien (Presse, Film, Funk und Fernsehen) als auch durch das gute Sachbuch. Hier eröffnet sich der Kriminologie ein erfolgverheißendes Betätigungsfeld. Kriminologie ist eine Hilfswissenschaft nicht nur für den strafenden Juristen, sondern ebenso wichtig auch für den praktischen Arzt und für den Pädagogen, wobei wir mit letzteren alle pädagogischen Berufe meinen, von der Kindergärtnerin bis zum akademischen Lehrer. Darüber hinaus sage man der Bevölkerung — anstatt Verbrecherjagden zu schildern — in aller Offenheit, wie es z. B. dazu kam, daß ein intelligenter, fleißiger und bis dahin scheinbar ordentlicher junger Mensch einen Sexualmord begehen, ein harmloser, in Ehren ergrauter, brav und anspruchsvoll lebender Großvater sich an kleinen Kindern vergreifen konnte. Wenn die Bevölkerung das weiß, dann braucht sie nicht schon die Kinder im Kindergarten mißtrauisch und argwöhnisch gegenüber den Erwachsenen zu machen. Wir setzen an die Stelle einer Aufklärung über die Verbrechenstechnik, welche nur zu anderen Techniken veranlaßt, eine Aufklärung über die Verbrechensursachen, welche auf den potentiellen Täter hinweist und die Möglichkeit der Eliminierung der potentiellen Kriminalität enthält.

Blicken wir auf den Anfang dieser Ausführungen zurück, so können wir folgendes feststellen:

1. die Kriminologie befindet sich in einer Krise, aber nicht in dem Sinne, daß sie in der Praxis versagt hätte, sondern im Sinne einer Entscheidung zu einer Klärung. Sie hat zu prüfen, welche Methoden die richtigen sind. Dabei kann sie von den Irrtümern und Irrwegen in manchen Ländern lernen. (Wenn Lackner auf der 12. Tagung der Kriminalbiologischen Gesellschaft 1963 äußerte, die Kriminologie be-

säße noch nicht genügend gesicherte Forschungsergebnisse, so meinte er damit vermutlich solche, die nicht mit exakten, empirischen Untersuchungsmethoden gewonnen wurden. In diesem Sinne kann man auch von einer Methodenkrise sprechen.)

2. Die Kriminologie hat beachtliche Forschungsergebnisse besonders über die Ursachen von Verbrechen verschiedener Kategorien aufzuweisen. Diese Forschungen entstanden bisher vorwiegend auf privater Basis. Ein wissenschaftliches kriminologisches Forschungsinstitut ist nunmehr fällig, wollen wir nicht hinter manchen Entwicklungsländern zurückstehen.

3. Die Anwendung kriminologischer Erkenntnisse in der Kriminalpädagogik sollte sich nicht nur auf die Resozialisierung straffällig gewordener Täter beziehen; eine ebenso wichtige Aufgabe ist vielmehr die Verhütung von Verbrechen durch rechtzeitiges Erkennen und Behandeln potentieller Täter.

4. Das Wissen um die Entstehung von Verbrechen kann die in weiten Kreisen noch vorherrschende emotionale Einstellung gegenüber dem Rechtsbrecher entschärfen und zu sachlicher Beurteilung, welche eine wesentliche Voraussetzung jeglicher kriminalpädagogischer Maßnahmen ist, gelangen lassen.

5. Die Kriminologie sollte, soweit ihre Erkenntnisse dafür geeignet erscheinen, als notwendiges Bildungsgut anerkannt und durch Massenmedien und berufene Erziehungsinstitutionen in geeigneter Form verbreitet werden. Alles was dazu beiträgt, den Menschen auf eine Stufe echten Menschseins aus edler Gesinnung zu heben, ist humanes Bildungsgut, welches Anerkennung und Verbreitung verdient.

FSC
www.fsc.org
MIX
Papier | Fördert
gute Waldnutzung
FSC® C083411

Kolibri 360 GmbH
Ferdinand-Jühlke-Straße 7
99095 Erfurt, Deutschland
produktsicherheit@kolibri360.de